상트 페테르부르크

유럽을 향한 창

차례
Contents

유럽을 향한 창

쓸쓸한 물결이 이는 강가에

"여러분과 페테르부르크에 관해 이야기를 나누고, 또 여러분을 위해 페테르부르크 연대기를 쓴다는 것이 얼마나 기분 좋은 일인지 여러분들은 상상할 수 없을 것이다! 이것은 직무라기보다는 최고의 만족이다."

작가 도스토예프스키가 단편 「페테르부르크 연대기」에서 남긴 이 말이 지금의 내 심정을 대변하고 있다. 하지만 감격에 젖어 도시의 곳곳을 소개하기 위해 앞서주어야 할 내 발걸음은 마음의 또 다른 한켠에 자리한 고민을 알고 있는 듯하다. 푸슈킨, 고골리, 도스토예프스키 문학 작품의 배경이며 글린카, 무소르그스키, 차이코프스키와 쇼스타코비치 음악의 무대가 되는 곳, 표트르 대제와 예카테리나(캐더린) 2세의 치적과 동시에 레닌의 혁명운동이 벌어졌던 바로 그 도시로 들어온 까닭이다. 그뿐인가. 영화로도 만들어졌던 톨스토이의 『안나 카레니나』, 파스테르나크의 『의사 지바고』 등의 상당 부분은 바로 이 도시에서 일어난 일들을 다루고 있다. 얼마 전까지만 해도 옛 레닌그라드 필하모닉(현재는 상트 페테르부르크 필하모닉 오케스트라로 불린다), 키로프(현재는 마린스키) 발레단은 적어도 우리에게 '공산주의가 어떻게 저런 예술을 낳을 수 있단 말인가!'하는 의구심을 불러일으켰던 세계적인 이름이었고, 화학자 멘델레프, 생화학자 메츠니코프, 시인 블록, 아흐마토바, 조셉 브로드스키, 음악가 스트라빈스키, 소설가 나보코프, 현대무용가 조지 발란신 등의 낯익은 이름들도 이 도시와 연관되어 있다. 노벨상 제정자인 알프레드 노벨과 그의 형제들이 한때 이 도시에서 사업을 벌여 큰돈을 벌었으며, 그 유명한 전설 속의 도시 트로이를 발굴했던 슐리만은 고고학자로 이름을 날리기 전에 페테르부르크 제국은행 총재까지 오른 인물이었다.

　이쯤 되면 이 도시를 소개하기 위해 007 영화의 하나가 페테르부르크를 배경으로 한 적이 있으며, 현재의 대통령 블라디미르 푸틴이 출생하고 교육받은 곳이라는 말을 굳이 덧붙일 필요까지 없을 것 같다. 게다가 얼마나 많은 사람들이 이 도시를 밟았던가.

1896년, 인천을 떠나 상해와 미국, 영국, 우크라이나를 거치는 50여 일의 긴 여행 끝에 피득보(彼得堡:페테르부르크)에 첫발을 디뎠던 고종의 특명전권공사 충정공 민영환, 이범진 러시아 주재공사와 그의 아들이자 헤이그 밀사 중의 한 분이었던 이위종, 그리고 1946년에 이곳을 방문한 월북 작가 상허 이태준 등의 이름이 각별한 감정을 불러일으킨다. 이 정도라면 페테르부르크가 대한민국과 5천여 km의 거리를 두고 있다 하더라도 더 이상 이방의 한 도시로만 머물지는 않을 듯싶다.

　지도를 펴고 페테르부르크를 찾아보자. 스칸디나비아 반도 아래를 뒤지다 발틱 해를 찾았다면 반은 성공한 것이다. 거기서 다시 핀란드 만 연안을 따라가다 보면 우리는 곧 러시아 제2의 도시 상트 페테르부르크와 만나게 된다. 북위 59.57도, 동경 30.19도. 유럽 제1의 넓이를 가진 라도가 호수와 핀란드 만의 중간지역에 자리 잡은 인구 약 500만 명의 페테르부르크는 인구 1백만 이상 되는 주요 북구 도시 중 세계에서 가장 큰 도시로 기록되어 있다. 사할린 북쪽의 캄차카와 북미의 알래스카 북부가 페테르부르크와 같은 위도 선상에 위치하고 있다는 사실을 참고한다면 이 도시가 얼마나 북쪽에 치우쳐 있는지 짐작할 수 있다.

　그렇게 먼 땅이기는 해도 이태준의 간단한 언급처럼 '제정 때 서울이며 붉은 10월의 서울'이라고만 하기는 곤란할 듯싶다. 페테르부르크는 우리 정신세계의 일부를 구성하는 이야기들과 역사의 페이지들로서 이미 우리 지성의 가까운 자리로까지 들어와 있는 것이다. 그래서 내 맘은 고민한다. 먼저 어디로 가야 할까. 들러야 할 곳이 많은 도시, 가는 곳마다 자신의 사연을 들어보라며 방문자의 발걸음을 붙잡을 여러 소리들과 맞닥뜨릴 터임을 잘 알기 때문이다.

가능한 찬찬하게 둘러보면서, 생각할 여유를 위한 멈춤을 자주 허락할 때만이 우리의 이 '남의 도시' 보기가 즐거워질 수 있다. 어차피 할말 많은 도시의 구석구석을 회고와 기억을 따라 걸어야 할 입장에서 언젠가 푸슈킨도 서 있었을 네바 강변을 첫 출발지로 삼기로 했다.

쓸쓸한 물결이 이는 강가에
그는 서 있었다. 위대한 사념에 잠겨……

러시아의 시성(詩聖)으로 불리는 푸슈킨의 작품 「청동기사(騎士)」의 첫 구절처럼 내 여행의 시작도 사념들과 함께 그의 시구들을 따라 흘러가 볼 요량이다.

사실 이보다 더 나은 출발지도 없을 듯하다. 페테르부르크라는 이 도시는 발품을 파는 것보다 물길을 쫓아가는 것이 훨씬 효과적이고 편안한 방법이다. 약간의 여독까지 있는 나로서는 바다와 강이 만나는 핀란드 만의 동안 하구에 건설된 이 도시가 베네치아나 암스테르담처럼 수많은 운하로 연결되어 있다는 사실이 얼마나 고마운지 모른다. 물길을 따라 맘먹은 곳으로 가줄 수많은 수상택시들이 북구의 어두운 물빛을 채색

하면서 여름이면 이방인을 기다리고 있다.

오, 솔 레 미 오 ~

사람 좋아 보이는 작은 배에 올라 강을 거슬러 올라가자고
부탁한다. 에르미타주 박물관 앞 네바 연안에 늘어 서 있는 아
름다운 역사적 건물들이 먼저 눈에 들어온다. 그들의 화려한
미감은 특히 한여름 백야 기간 동안에 독특하고 환상적인 분
위기로 어우러지는데 러시아가 탄생시킨 여러 예술가들의 작
품들 속에 고스란히 기억된 이 도시의 아름다움을 언급하는
것으로도 이미 페테르부르크는 하나의 신화가 되었다.

지구 최북단 도시 중 하나인 페테르부르크가 종일토록 해
를 보는 날은 통계적으로 1년에 30일 남짓인 반면 종일 폭설
이 쏟아지는 날은 그 두 배인 61일이다. 그나마 햇빛 찬란한
날들의 2/3 이상은 5월부터 8월 초의 여름 기간에 집중되어
있다. 따라서 "여름에는 태양이, 겨울에는 눈이 대지를 밝힌
다."는 러시아 속담은 이 도시에서는 더더욱 진리가 된다. 1주
일 내내 간간이 눈을 뿌리며 잔뜩 찌푸린 회색빛 하늘이 아니
면, 영하 20도 이하로 기온이 떨어지는데도 휘몰아치는 눈보
라를 만나야 하는 것이 1년의 반 정도를 차지하는 이곳의 겨
울이다. 나폴레옹과 히틀러가 러시아를 침입했던 해들에는 영
하 40~50도까지 내려갔다는 기록이 있을 뿐 아니라 "영하 40
도는 추위도 아니다."라는 말도 있으니 영하 20도에 추위 운

운하는 것은 이곳 사람들에게 엄살로 비칠지도 모르겠다.

봄과 가을은? 간단히 표현해 잔뜩 찌푸린 하늘에 눈이 녹아 질척이는 땅이 봄의 상징이라면, 2주에서 한 달 정도에 불과한 짧은 가을은 우리의 장마와 유사하게 우기에 해당되는 관계로 아쉬움 속에 그 찬란한 노란 단풍의 아름다움이 퇴색되어 녹아내린다. 날씨에 대한 한 도스토예프스키도 불만이 적지 않았다. "페테르부르크에서 태양은 정말 드물게 찾아오는 손님이며, …… 우리의 여름은 너무도 짧아 아쉽다. 눈 깜짝하는 사이에 나뭇잎은 노랗게 변하고, …… 습기와 안개가 다시 잦아지면, 건강에 주의해야 할 가을이 도래하고, 삶은 이전처럼 방황하기 시작할 것이다."

벌써 5월의 중순이다. 이제 해빙도 거의 끝났고 바야흐로 북방의 태양이 그 눈부신 자태를 드러내야 마땅한 시기이다. 하지만 연약한 태양을 비웃기라도 하듯 오늘은 간간이 흩날리는 눈까지 하늘을 차지하고 말았다. 그러니 인내력의 한계에 선 자연인의 입장에서 볼 때 맘먹고 떠난 출발에 솟구치는 나의 불만에 그 누가 비난의 화살을 던질 수 있겠는가. 물론 같은 위도 상에 위치한 캄차카나 알래스카 북부에 비한다면 평균온도 면에서 페테르부르크는 온난한 기온분포를 보인다. 멕시코 만류의 덕분이다. 그렇기는 해도 비와 눈이 많아 전체적으로 다습하며 날씨 변화도 몹시 심하다.

선착장을 떠난 배가 화려한 건물 군을 막 지났을 때, 하늘에 머물렀던 나의 시선이 자연스럽게 왼쪽으로 바삐 움직이는 수많은 사람들의 모습으로 향한다. 아직 두툼한 겨울 복장의 시민들이 배낭과 바구니 등 바리바리 짐을 지고 들고는, 1907년 4월에 레닌이 밀봉된 차에 실려 도착했다는 핀란드 기차역을 빠른 걸음으로 오간다. 반대편의 강둑을 오가는 사람들의 느긋한 걸음걸이와는 너무나 대조적인 그림이다.

그렇다. 이미 교외의 텃밭이 딸린 다차로 나가 농사를 서둘러야 하는 시기인 것이다. 100여 일간 지속될 백야의 여름 동안 이곳의 사람들은 농사의 전 과정을 진행시켜 다가올 긴 겨울 동안에 먹을 각종 잼이며 야채 병조림 등 저장식품과, 감자, 양파 등의 장기저장 채소들도 준비해두어야 한다.

북구의 백야! 그 말의 울림만으로도 사람들의 고대를 받을 만하지 않은가. 6월에서 8월 사이에 상트 페테르부르크의 태양은 수평선으로부터 최저 6.5도, 최고 53.5도 사이에서 뜨고 지면서 종종 기온을 섭씨 35~36도까지 끌어올린다. 그 결과 종일 깜깜한 밤이 찾아오지 못한다. 1896년 6월 8일에 이 도시를 밟았던 충정공에게도 이 각별한 자연현상은 관심의 대상이 되지 않을 수 없었다. "이곳의 해의 출입을 보면 축시 정각이나 초각(오전 1시경)에 해가 뜨고 해초 삼각(오후 11시경)에 해가 져도 하늘은 오히려 환해서 길 위의 행인을 분별할 수 있다. 그러다가 이내 다시 해가 뜨는데 하지 전후 4개월 동안(즉 4월부터 7월까지) 이와 같다."고 상세히 묘사하면서 "이곳은 북극에 가까워서 도수(度數)가 북쪽으로 기울었기 때문이다."(『해천추범』)고 설명을 덧붙이고 있다.

자주 소나기가 내리긴 하지만 백야 기간 동안은 비교적 맑은 날씨가 이어진다. 그나마 여름 동안의 이렇게 긴 일조시간 덕분에 농사(소위 벼락치기 농사)가 가능하고, 때문에 사람들도 식생활을 영위할 수 있는 것이다. 약간 과장하자면 이 기간 동안에 식물들은 자라 올라가는 것이 눈에 보일 만큼 빠르게 성장해 열매를 맺는다. 페테르부르크를 떠나는 길에 민영환 선생도, "올 때는 밭과 들의 보리가 한 치쯤 푸르게 덮였었는데 지금은 베어서 거두는 것을 보니 이곳은 추위가 많아서 모든 곡식과 채소의 익는 시기가 여름 석 달에 지나지 않는다."(『해천추범』)고 기록했다. 체제 변화에 동반된 경제적 어려움으로 가정경제에 있어 여름 동안에 거둔 농산물의 중요성은 예전보다 오늘날에 더욱 커진 듯하다.

저 수많은 종종걸음 속에는 벌써 여름이 와 있으리라. 그들의 배낭에는 다차에서 먹을 양식과 농기구들이, 바구니에는 집에서 싹 틔워 고이 기른 야채 모종들이 담겨 있다. 자연에 순응하기만 해서는 삶을 영위할 수 없는 곳이다. 이곳 속담대로 "건초 마차는 겨울에, 썰매는 여름에 만들어두어야 한다." 미리 시기를 계산하고 준비해 불리한 자연여건을 최대한 극복해 내는 이성적 삶의 요구가 오늘도 이 도시를 지배하고 있다.

잠시 후 물길이 오른쪽으로 꺾인다. 수도원과 몇 개의 공장과 다리, 그리고 여객선착장이 눈에 들어왔다 사라질 즈음 강 양안은 영락없는 시골로 변한다. 이곳도 역시 다차촌이다. 차가운 바람을 서로 막아주며 막 녹색을 드러내기 시작한 풀포

기들 옆에 희끗한 눈을 밟고 길을 재촉하는 가족의 모습이 처연해 보인다. 어찌하여 이렇게나 불리한 자연 조건을 가진 곳에 인구 500만의 세계적 대도시가 서게 된 것일까? 아니 오래전부터 사람들이 이 지역에 살기는 했던가? 이러한 의문에 대한 실마리를 찾아 강을 거슬러 올라가고 있는 중이다.

자연은 이곳을 우리에게 점지해주었다!

"다 왔어요!" 턱으로 앞을 가로막고 서는 성채를 가리키면서 사공이 말했다. 두 시간여 만에 우리의 작은 배는 네바의 발원지까지 거슬러 올라갔다. 강은 중앙의 한 섬을 중심으로 갈라졌고 강폭이 좁아진 만큼 물살도 빨라진다. 중앙의 섬에는 세월의 무게를 간직한 듯한 상당한 규모의 성채가 서 있는데, 이를 지나자 얼핏 보면 바다로 생각될 만큼 넓은 호수가 나타난다. 라도가! 그 안에 600개가 넘는 섬을 가지고 있다는, 유럽에서 가장 큰 호수의 명칭이다.

라도가 호수가 끝나는 이곳에서 시작되어 핀란드 만으로 내려가는 길이 74km의 네바 강은 도시의 경관뿐 아니라 자연환경, 기온, 산업 활동, 문화 및 시민생활에까지 깊은 영향을 미치고 있다. 깊이 6~9m의 이 강은 오랜 시간 동안 시속 3.2~4.3km로 흐르면서 핀란드 만 연안에 100여 개의 섬으로 구성된 삼각지대를 형성시켜놓았다. 네바로 흘러든 라도가의 맑고 차가운 물은 도시민의 주요 상수도원이자 도시의 기상에도 영향을 준다. 또한 황어, 연어 등 수많은 물고기가 이 길을 통해 바다와 호수를 넘나들므로 도시 한복판에서도 낚시를 가능케 해준다.

교통로로서 네바의 위상은 더 두드러진다. 역사적으로도 이 강길은 그 수심과 강폭이 적당하여(네바의 강폭은 210~1,250m) 비잔틴과 스칸디나비아를 잇는 '바랑고이(바이킹)인으로부터 그리스인들에게로' 가는, 옛사람들의 주요한 통로였다. 키예프 루시 시절(9~13세기) 그들은 핀란드 만을 거쳐 네바를 따라 올라와서는 라도가 호에 또 다른 물줄기를 대고 있는 볼호프 강으로 빠져나가 볼가와 돈, 드네프르 등의 여러 강들을 따라 내려가며 흑해 연안, 즉 비잔틴 제국의 수도였던 콘스탄티노플까지 다다랐다고 한다. 1240년 몽골의 침입으로 비잔틴 세계와 단절되기 전까지 루시인들도 이 물길을 이용한 중계무역으로 부를 축적했다. 고대 러시아의 중요한 도시들(대 노브고로드, 스몰렌스크, 체르니고프, 키예프 등)이 뱃길의 주요 지점들에 건설되었다.

14세기 이후 몽골의 압제 속에서 루시의 국가가 여러 공후령으로 갈라지면서 정치적 쇠퇴를 거듭하는 동안 라도가 호수와 네바 강 주변은 리투아니아, 스웨덴 등의 영토로 편입되면서 더 이상 예전과 같은 중요한 무역로로서의 의미를 갖지 못하였다. 하지만 그렇다고 해도 북유럽의 패권을 차지하기 위해 발틱 해를 장악하는 일은 꼭 필요했다. 우리가 거슬러 온 이 물줄기를 지배했던 국가들은 어김없이 당대의 북구를 호령

하는 지역의 정치적 패권자로 부상하였던 것이다.

이런 맥락에서 보면 러시아의 국력이 재부상한 시기는 18세기라 할 수 있겠다. 남루한 농가들만이 띄엄띄엄 서 있던 척박한 이 땅이 1700년에 시작되어 21년을 끌었던 스웨덴과의 '대북방전쟁' 과정에서 표트르 1세(1672~1725)가 이끄는 군대에 의해 러시아의 지배 아래로 다시 들어왔던 것이다. 러시아 군이 네바 강 연안의 물길을 확보하는 일은 군사적 목적에서도 물론 중요했겠지만 오래 전에 상실한 국토의 회복이라는 의미도 적지 않았다. 1240년에 블라디미르 공국을 다스렸던 알렉산드르 대공이 "몽골의 압제로부터 기독교 형제를 구한다."는 명목으로 러시아 땅으로 들어왔던 스웨덴 기사단을 현재의 알렉산드르 네프스키 수도원 부근에서 출병하여 물리친 역사적 사건이 있었다. 그리하여 알렉산드르의 이름에는 '네프스키', 즉 '네바의'라는 별칭이 붙게 되었다.

라도가에서 네바로 흐르는 물길은 소비에트 시대에 얼마간 정비되기는 했지만 표트르의 군사들이 실지를 회복한 의기양양한 모습으로 들어왔을 18세기 당시와 크게 달라지지 않았다. 네프스키를 존경했던 표트르도 1702년에 라도가 호수 앞의 요새인 슐리셀부르크(열쇠의 성)를 차지한 이래 이 길을 여러 차례 오르내리며 옛 역사를 회고했을 것이다.

도시 건설 이야기를 계속하기 전에 우리도 표트르를 따라 다시 출발지까지 물길을 내려오는 것이 좋겠다. 수십 번, 아니 수백 번 네바 강 하구에 서서 상념에 잠겼을 것임이 분명한 군주 표트르를 시 「청동기사」의 주인공으로 묘사한 푸슈킨의 언급을 조금 더 기억해보면서…….

> 그는 생각했다:
> 바로 여기서 우리는 스웨덴 놈들을 위협할 것이다:
> 오만한 이웃 나라를 혼내주기 위해
> 이곳에 도시를 건설하리라.(「청동기사」, 1833)

'오만한 스웨덴'과의 전쟁이, 역사적 실지였다고는 하나 도시가 들어서기에는 제반 여건이 좋지 않은 이곳에 도시를 세워야만 했던 중요한 동기가 된 모양이다. 역사가이기도 했던 푸슈킨은 자신의 선조와도 직접적으로 관련이 있었던 역사적 인물 표트르 1세에 대해 결코 실수하지 않았다. 전해지는 이야기에 따르면 1703년 5월 16일에 표트르는 자야치(토끼) 섬에 요새 건설의 첫 삽을 뜨면서 "이곳에 도시가 서리라."고 말했다고 한다.

에르미타주 박물관 맞은편에 위치하고 있는 자야치 섬은 길이 750m, 너비가 360m에 불과한 작은 지역이지만 도시 건설의 첫 역사적 현장으로 의미 있는 장소이다. 이곳에 들어선 요새는 당초에 화란식의 이름 '상 피테르부르흐(Sankt-Piterburkh)'로 불렸는데 이는 예수의 수제자인 '성인 베드로의 성(요새)'이라는 의미다. 천국의 열쇠를 받았다는 베드로의 이름에 걸맞게도 이 섬은 네바가 둘로 갈라져 핀란드 만과 합치는 바로 그 지점에 위치하고 있다. 즉, 이 요새를 통하지 않고서는 발트 해로부터 네바를 거슬러 러시아 내륙으로 진입할 수 없는 것이다. 라도가 호 입구의 '슐리셀부르크'와 네바 하구의 '상피테르부르흐' 요새는 러시아 내륙과 발트 해를 열고 닫는 역할을 할 수 있다는 점에서 공통점이 있었다. 자연이 요새 건설의 지점을 지정해준 셈이다.

상 피테르부르흐는 곧 '페트로-파블롭스크', 즉 베드로와 바울의 요새로 개칭된다. 지금은 1770년대 예카테리나 2세에 의해 단장된 강고한 석벽과 이 도시에서 가장 높고 금빛으로 찬란히 빛나는 첨탑(122.5m)을 가진 페트로-파블롭스크 성당이 요새 중앙을 차지하고 있는 도시의 손꼽히는 유적지다. 하지만 1703년 당시에 요새의 벽과 교회는 모두 목조였다. 주변은 온통 늪지에 모기와 질병이 들끓었고, 강 건너에 조그마한 어촌 마을이 하나 자리하였던 척박한 시골에 불과했다. 이곳에 군사 요새 하나를 건설하면서 과연 표트르 자신이 요새 건설의 첫날을 장래 수도가 될 도시 건설의 시작일로 간주하였을지에 대해서는 의심의 여지가 많다.

러시아식 '페레스트로이카'

자연적 입지가 좋지 못하였음에도 불구하고 요새 건설 후 9년째 되는 해인 1712년에 신도시는 러시아의 수도로 선포되었다. 그러나 사람이 살기에 좋지 않은 풍토와 적과 가까운 불리한 지리적 위치라는 점에 더하여, 모스크바라는 전통적이고 상징적인 경제·문화의 중심지가 엄연히 존재하였다는 사실을 감안할 때 '상 피테르부르흐'는 새 수도가 될 자격이 없다. 그래서 한 가지 사실이 더욱 분명해진다. 위정자의 단호한 의지와 추진력이 없었다면 이곳에 도시가 서지 못했을 것이다.

차르 알렉세이 로마노프의 둘째아들이자 왕의 둘째부인 나탈리아 나뤼시키나로부터 태어난 표트르는 자신이 서유럽에 비해 상대적으로 낙후된 국가를 물려받았다는 점을 잘 알고 있었다. 적대관계였던 터키와 맞설 동지를 찾는다는 명목 아래 1679년 3월부터 18개월 동안 서유럽 각국을 방문했던 러시아 대사절단의 일원으로서 그는 유럽의 발전된 문명을 직접 목도하였다. 이 첫 유럽여행 과정에서 2m가 넘는 영특하며 지칠 줄 모르는 호기심의 소유자이자 일벌레인 해군 하사병 계급장을 단 최고군주는 신비롭고 경건한 모습으로 크렘린을 지켜왔던 차르의 전통적인 모습을 벗어 던지고 스스로 장인을 자처하며 국가 개혁을 직접 추진해 나가기로 결심한다.

조선에서도 표트르와 같은 군주가 출현하기를 염원했던 민영환 선생은 자신의 글에서 여러 차례 표트르의 공덕을 칭송하면서 경의를 표하였다. "대피득(大彼得, 표트르 대제)은 서력 1672년에 나서 나이 25세에 즉위했는데 당시 아라사국은 오히려 개화되지 않았고 나라 안에 어지러운 일이 많았다. 이에 부강할 것을 도모하여 미천한 복장으로 구라파 여러 나라에 가서 여러 가지 학문의 이치를 연구하여 지식을 넓히고 비밀히 선창(船廠)에 들어가 스스로 목수라 일컫고 배 만들고 운전하는 갖가지 법을 부지런히 배우고 또 영국에 들어가 정치를 연구하고 돌아왔다."(『해천추범』, 6월 10일)

서유럽의 선진문명에 대해 지극히 성실한 학생의 모습을 보여주었던 표트르는 1697~1698년에 직접 모집한 약 750여 명의 외국인 기술자들을 대동하고 귀국하면서 러시아에 급진적인 '페레스트로이카'(재건)가 필수적임을 확신하고 있었다. 모스크바로 돌아온 그는 자신을 반역한 소총병부대원(스트렐치) 1천여 명을 처형하고 신하들에게 턱수염을 깎을 것과 프러시아식 옷을 입으라고 명령했다. 뿐만 아니라 달력과 연도를 서구식으로 바꾸었으며, 군대를 재편해 스웨덴과 대대적인 전쟁에 돌입하였다. 이 시기의 표트르는 모든 것을 아는 듯했고 무엇이든 할 수 있는 듯 보였다. 푸슈킨의 말대로 러시아에는,

　　때로는 위대한 학자, 때로는 용사
　　때로는 선원, 때로는 목수,
　　전지전능한 영혼을 가진 그,
　　한 위대한 일꾼이 왕좌 위에 있었다. (「스탄스」, 1826)

아마도 이 유별난 군주는 사람들에게 새로운 정신이 들어가려면 예전과는 전혀 다른 새로운 환경이 도움이 될 것이라는 점도 알고 있었던 모양이다. 1702년 이후에도 수차례에 걸쳐 차르는 여행비용과 일자리만이 아니라 종교적인 관용과 독

자적인 재판소까지 약속하면서 여러 국적의 유럽인들을 고용하여 러시아 북방의 한 늪지대로 그들을 불러 모았다. 바로 그 자리에 새로운 도시를 건설하기 위해서였다.

유럽으로 통하는 창을 뚫기 위해,
저 바다 앞에 발을 굳게 딛고 일어서기 위해
자연은 이곳을 우리에게 점지해준 것이다.

「청동기사」에서 푸슈킨은 이렇게 표트르의 입을 대신하고 있다. 자연이 건설의 현장을 점지해주었다. 네바가 다른 지점에서 바다와 만났다면 바로 그곳이 페테르부르크가 되었으리라.

군사적인 이유에서 불가피한 요새의 건설은 향후 표트르의 장기적 국가건설 구상의 실현을 위한 출발이 될 수 있었다. 사람이 거의 살지 않는 늪지에 인공적으로 요새를 건설하는 일은 대규모 부역과 기술자의 이식을 요구했고, 이를 위해 군대와 건설자들을 위한 부대시설이 필요했다. 군사 요충지의 유지를 위한 부대시설로서 페트로그라드스카야 지역에 광장과 원로원, 교회, 식당, 세관 등이 속속 건설되고, 작업을 독려할 차르의 임시거처도 마련되었다. 이를 유지하기 위해 사람과 물자뿐만 아니라, 불리한 자연 조건과 맞설 이성적 계획안들이 계속적으로 요구되었다. 표트르로서는 자신의 도시를 유지하기 위해서라도 전 러시아를 이성적으로 통치하지 않으면 안 되었다. 새 러시아 건설의 대의가 바로 페테르부르크의 건설에 함축되어 있었던 것이다.

네바는 화강암으로 치장되었다

어느덧 우리의 작은 배는 네바 강을 벗어나 모이카 운하로 접어들고 있다. 도시에는 모두 19개의 운하가 있는데 모두 섬들 사이를 흐르던 물길을 정비한 것으로 시내의 주요한 교통로 역할을 하고 있다. 현재 볼 수 있는 구시가 지역 운하 정비사업의 대부분은 예카테리나 2세 시절에 진행된 작업을 통해 그 대체적인 틀이 확정되었다. 운하의 양편으로 커다란 벽돌 모양으로 곧게 다듬은 돌들이 벽을 이루고 서 있다. 물과 돌의 만남은 갖가지 모양의 다리와 건물들의 계속되는 변화와 어울려 보는 이에게 도시에 대한 깊은 인상을 심어주기에 충분하다. 아름다운 운하들로 인해 이 도시는 북방의 '베네치아', 혹은 '암스테르담'이라는 별칭을 얻었다.

상트 페테르부르크는 표트르, 즉 '성인 베드로'의 도시다. 여기서 베드로는 반석 혹은 돌이라는 의미이므로, 페테르부르크는 '네바 강변의 서 있는 돌의 도시'라는 이미지와 연결된다. 자연과 인공이 절묘하게 결합된 이 도시에 대한 정확한 표현이다.

도시 설립 이후 약 300여 회나 넘쳐 올랐던 네바는 그 하구를 삶의 터전으로 삼은 이들에게 변덕스러운 존재가 아닐 수 없었다. 치수(治水)가 도시의 생존을 결정짓는 중대 사안이었던 만큼 '네바가 화강암으로 치장될수록 도시는 점점 살 만한 곳으로 변화되어갔다.

네바의 진정한 얼굴은 돌과 물의 만남을 통해 드러난다. 여기서 돌은 인간의 노력과 이성이 창조하는 문화와 맥을 같이한다. 목조 건축이 기본이었던 러시아에 돌로 만들어진 영원한 도시와 그를 닮은 나라를 건설하고자 원했던 군주 표트르는 1709년 폴타바전쟁에서 승리하여 스웨덴의 기를 꺾은 이후에야 비로소 네바 강변 지역을 새로운 도시로 꾸미는 일에 박차를 가할 수 있었다. 그러나 도시로 들어오는 사람들에게 통행세라는 명목으로 자신의 머리보다 큰 돌덩이 두 개씩을 내도록 강제하는 조치를 동원하면서까지 건설에 노력을 기울였음에도 1712년에 페테르부르크는 사실상 허허벌판의 상태

강과 운하의 도시(멀리 네바 강이 보이고 그 아래로 모이카 운하가 흐른다).

에서 수도로 공포되었다. 그 해 치러진 군주 자신의 재혼 축하연조차 목조 궁전에서 진행될 수밖에 없는 형편이었던 것이다. 차르는 2년 후에 도시건설의 속도를 높이고자 러시아의 다른 지역에서는 석조 건축을 일절 금한다는 특단의 법안을 발표할 정도였는데, 사실상 이는 당시 도시건설의 진척도

와 무관하게 페테르부르크가 대국의 수도다운 모습을 갖추어 나가도록 만들고야 말겠다는 군주의 강력한 의지 표명에 다름 아니었다. 그런데 1721년 스웨덴이 항복하고 표트르에게 원로 원이 '황제'라는 칭호를 부여하게 되자 페테르부르크는 이제 제국의 수도라는 위상에 걸맞은 도시가 되어야 했다.

애초부터 의지와 이성으로 건설이 시작된 도시인 만큼 돌로 상징되는 인공의 세계와 그 연장선상에 있는 창조된 문화의 세계를 읽어내는 일이 우리에게 더욱 중요해진다. 페테르부르크의 문화적 중요성을 애초부터 강조한 이유가 여기에 있다. 우리가 걸어가며 듣고 확인해야 할 바 역시 이 도시에 축적되고 보이지 않게 스며든 상징과 문화 이야기들이다. 1830년대에 『차르의 제국』이라는 러시아 여행기로 큰 주목을 받았던 프랑스인 드 퀴스탱도 "이 도시에서 사람은 침묵하고 돌이 말한다."고 지적한 바 있다.

주요한 운하들을 거쳤으니 이제부터 돌의 이야기를 듣기 위해 어쩔 수 없이 배에서 내려야 한다. 사공에게 감사를 표하며 도시 건설의 첫 현장에 닿기를 부탁하였다. 마침 눈발이 멎으며 해가 날 기미가 보이니 안심이다.

제국의 빛과 그림자

나 또다시 찾아왔다

이번 답사는 강변에서 시작되었지만 엄격히 말해 나의 페테르부르크 여행은 아침 일찍 '붉은 화살 호'가 모스크바 기차역에 도착하면서부터 시작되었다. 모스크바로부터 기차를 타고 페테르부르크로 도착한 데에는 두 가지 이유가 있었다. 그 하나는 기차 여행이 현재까지 러시아의 수도 모스크바로부터 이 도시를 방문하는 한국인들의 가장 일반적인 방법이 되기 때문이다. 비행기 여행에 비해 편리하고 경제적으로도 적지 않은 절약이 된다. 또 다른 이유는 '기왕이면 이 도시에 대한 방문기를 남긴 옛 분들의 여정을 뒤밟아보자.'는 마음이 여행을 계획하는 단계부터 내게 있었기 때문이다. 윤치호 선생의 일기를 보니 민영환 일행은 1896년 6월 8일에 모스크바로부터 기차로 페테르부르크에 도착해 숙소를 정한 후 마차를 빌려 도시를 둘러보는 데 그 다음 날을 할당했다. 그로부터 정확히 50년 후에 월북 작가 이태준이 다른 문학가들과 함께 역시 기차를 이용해 레닌그라드에 들어왔다(1946년 9월 25일). 다시 약 50년의 세월이 흐른 오늘 우리도 그분들이 달렸던 길과 동일한 노선의 철로를 따라 옛 이름을 되찾은 '상트 페테르부르크'로 들어올 수 있는 것이다.

시대는 달랐어도 정부를 대표한 공인의 신분이었던 충정공이나 상허 선생의 시찰단적인 성격의 기록과 일개 여행자인 나의 짧은 '도시 인상기'는 근본적으로 다른 성격의 글이 될 수밖에 없을 것이다. 그래서 감히 소망해본다. 두 분의 기록에 역사 이야기를 조금 더 곁들임으로써 선인들의 기록에 얼마간의 명암을 부여하여 도시의 모습을 조금 더 선명하게 부각시킬 수 있다면 그야말로 금상첨화가 아니겠는가!

민영환과 이태준 두 사람의 도시에 대한 첫인상은 어떤 것이었을까? "이 도시는 사방이 1백여 리에 인구가 1백 만이 되며 시가지와 집들이 웅장하고 큰데다가 예와(曳瓦: 네바) 강이 온 도시를 껴안았고 황제의 대궐이 강에 임했다."면서 도시의 큰 규모에 감탄을 표하였던 민충정공과 달리, 이미 모스크바를 거쳐 도착한 상허의 눈에 이 도시는 보다 소박하고 친밀한 모습으로 비쳤던 모양이다. "레닌그라드는 ……아름답고 품위 있는 도시의 하나라는 말은 들었지만 처음 오는 사람에게도 안도감을 주는 도시다. 혼자 솟은 집이 없고 혼자 낮은 집이 없다. ……계획도시로 길들이 곧은 것과 강물이 시내 처처에 그득 차 있는 것과 속에는 사람이 살고 겉에는 조각품들이 사는, 인간과 예술의 공동주택이 많아 품위와 관상(觀賞)의 도시라는 것이 느껴진다."(『소련기행』)

조선 말기의 정치가이자 학자였던 한 사람은 '제정의 서울' 페테르부르크를, 50년 후 같은 도시를 밟은 '또 다른 조선'의 문학가는 '10월 혁명의 서울' 레닌그라드를 보았던 만큼 약간의 시각 차이는 어쩔 수 없었을 것이다. 이래서 선인들의 기록이 있다는 사실 자체가 후대인에게는 축복이다. 배를 타고 도시와 주변을 둘러본 나의 첫인상은 옛 어른들의 정확한 기록을 종합한 것이었다. '도시와 그를 관통하는 강은 안도감을 주기에 충분하고, 그 건축물들은 조화롭고 소박하기는 해도 웅장하고 품위가 있어 충분히 감탄을 표할 만하다.'고 할까.

작은 섬 하나 바닷가에 보인다

배는 네바의 샛강을 지나 베드로-바울 요새의 주 출입처인 베드로의 문 앞에 나를 내려주었다. 이제 본격적으로 도시에 대한 첫인상을 확인하는 도보 여행에 나서야 할 시간이다.

네바는 진정한 페테르부르크의 상징이다. 네바가 여기로 흘러들기에 요새가 세워졌고, 그 요새로 인해 도시가 선 것이었다. 도시 건설의 직접적 계기가 된 요새의 이런 의미를 되새겨

본다면 정규군인, 스웨덴인 포로들 그리고 약간의 지역주민들로 이루어진 약 2만 명이 상트 페테르부르크 최초의 건설자들이었다. 그들은 약 4개월 동안 형편없는 조건 속에서 많은 희생을 내며 훗날 유럽에서 가장 강고한 요새로 알려진 이 성채를 건설해냈다.

베드로의 문을 지나 들어가니 중앙의 베드로-바울(페트로-파블롭스크) 성당의 금빛 종탑이 나타난다. 당초 1703년 6월 29일 베드로-바울 성인의 축일에 맞추어 요새 내부에 가장 먼저 지어진 목조 건축물의 자리에 1712년 석조로 재건축되어 오늘날까지 옛 모습을 간직하고 있는 이 교회는 현재까지도 이 도시에서 가장 높은 건물이다. 교회의 종탑이 이렇게 높아진 것은 모스크바 크렘린의 이반 3세 종탑보다 더 높게 만들라는 표트르 자신의 직접적인 지시 때문이란다. 차르는 자신이 건설하는 새 수도가 옛 수도보다 더 높은 위치를 차지할 것임을 보이고 싶었을 것이다.

종루와 예배처가 하나로 붙어 있어 전통적 정교회보다 네덜란드 개신교회를 더 닮은 이 성당은 1720년부터 종탑에 설치된 35개의 종으로 구성된 음악시계로 매15분마다 시민들에게 시간을 알려주었다. 특히 정오와 자정에는 음악시계가 연주하는 제정 러시아의 국가「주여 차르를 보호하소서」가 울려 퍼져 시보 역할을 했다. 하급 사제가 직접 줄을 당겨 시간을 알렸던 종소리 대신에 기계 장치가 시민들로 하여금 시간에 맞추는 새로운 삶을 촉구하면서 차르의 만수무강을 기원하

자야치(토끼) 섬과
베드로–바울 요새.

는 모습은 표트르가 구현하고자 원했던 규범 있고 정확한 근
대적 러시아의 반영임에 분명하다. 표트르의 계승자임을 공식
천명했던 예카테리나 2세도 1783년 하지부터 매일 정오에 요
새의 일부분을 이루는 나르쉬킨 보루에서 대포 1발을 발사하
도록 하였는데, 그 전통은 오늘까지 이어져 내려오고 있다.

　경쾌한 종소리 시보를 들으며 교회 안으로 들어간다. 대리
석과 금장식으로 치장된 화려한 바로크 양식의 내부에는 러시
아 정교회의 특징인 성화 벽이 보이지 않는다. 게다가 곳곳에
화려한 크리스털 샹들리에가 걸려 있어 서방교회와 무척 닮아
있다. 군데군데 깃발이 보이고, 중간에는 여러 개의 대리석관
들이 놓여 있는 등 역사의 향기가 가득 배어 나온다. 이곳이
바로 로마노프 황족의 납골당이기 때문이다.

　"예와 강을 건너서 남쪽으로 조금 가니 예배당 하나가 있고
아라사의 역대 황제의 분묘가 모두 한 당(堂) 속에 있는데 쇠
로 난간을 만들고 백옥 석으로 궤를 만들어 덮어서, 만일 표에

기록하여 가르쳐주는 이가 없으면 누구의 무덤인지 알 수가 없다."고 『해천추범』(6월 23일)에 언급되어 있는 바로 그곳이다. 1725년에 표트르 1세가 이곳에 안장된 이래 1918년에 볼셰비키에 의해 시베리아의 소도시에서 처형된 마지막 황제 니콜라이 2세의 유골까지 교회 안에 누워 있다. 교회 내부의 장식들은 제정 러시아의 대외적 승리와 영광을 반영한다. 그 중에서도 스웨덴 총사령관의 군기와 나폴레옹 군대의 깃발이 두드러진다.

베드로-바울 성당이 전제정의 화려하고 밝은 역사를 대변한다면 그 남서쪽에 위치한 동일한 이름의 요새 감옥은 페테르부르크 역사를 따라다니는 어두운 그림자 같은 유적이라 할 수 있다. 18세기 후반에 들어 요새의 견고함을 정치범 수용에 이용하면서 생겨난 이 감옥을 일컬어 사람들은 '러시아의 바스티유'라고 했던 것이다. 비록 이곳은 독방 70여 개로 그 규모 면에서는 보잘 것이 없으나 수감자 명단에는 표트르 대제의 아들인 황태자 알렉세이를 비롯하여 1825년 12월의 거사를 도모했던 제카브리스트들과 혁명적 인텔리겐치아 체르니셰프스키, 레닌의 형 울리야노프, 작가 도스토예프스키, 고리키, 혁명가 바쿠닌과 무정부주의자 크로포트킨 등 우리에게도 잘 알려진 수두룩한 이름들을 찾을 수 있다. 요새 감옥은 10월 혁명 이후인 1924년에 소비에트 당국이 요새를 몇 개의 박물관으로 정비하여 일반에게 공개할 때 러시아 차르 체제에 대한 저항의 대표적 기념물로 가장 먼저 개관했을 정도로 큰 의미를 부여받은 곳이었다.

발길을 돌려 밖으로 나와 베드로의 문 쪽으로 다시 나가며 요새를 조금 더 어슬렁거린다. 산책하는 사람들, 문 앞에서 모자를 벗어놓고 바이올린을 연주하는 악사, 애절한 그 선율의 흐름은 나의 시선을 베드로의 문 내부에 그려진 홍수 수위 표시들로 이끌어간다.

요새의 건설 이후 역사에서 요새에 대한 최초의 공격이자 그를 강타하는 데 성공하기도 했던 것은 스웨덴군의 대포가 아니라 1703년 8월 말일의 홍수(수위 2.5m)였다. 이후 1777년 9월에 3.2m, 1824년 11월에 4.1m 등 얼마나 많은 홍수가 이곳을 덮쳤던가? 컴컴한 곳에 그려진 홍수 높이 표시 선들은 도시사의 또 다른 어두운 기록이다.

문을 나오자 찌푸렸던 하늘이 걷히고 햇살이 비치고 있다. 강변의 모래사장에는 여러 사람들이 웃통을 벗은 채 선탠을 즐긴다. 햇빛이 모자라기 때문에 한겨울 혹한에서라도 볕만 나타나면 요새 벽 아래로 햇볕을 쬐려는 사람들이 모여든다고 한다. 이들을 '베드로-바울 요새의 수인(囚人)들'이라 일컫는다고 하니 오늘날까지도 요새의 그림자는 일반 시민들에게까지 드리워져 있는 셈이다. 오늘은 나도 '요새의 수인' 신세를 벗어나기가 어려울 것 같다. 하지만 도시 역사 출발의 현장이요, 제국의 빛과 그림자가 함께 공존하는 이곳으로 먼저 달려온 일은 잘된 선택이었다. 요새에 접어듦으로써 나는 이 도시의 역사와 문화로 본격 진입할 열쇠를 얻은 기분이다.

피득의 옛 집에 가서 보니

요새를 나온 나는 내친 김에 강을 따라 돌로 포장된 길을 조금 더 걸어 페테르부르크 건설의 최초 지역에까지 가보기로 했다. 1709년 폴타바전투에서 승리한 러시아군이 이듬해 비보르크까지 확보함으로써 도시의 안전이 사실상 보장되자, 차르는 요새 동편의 고로드(도시)라는 이름으로 불렸던 섬(현재의 페트로그라드 구역)을 첫 번째 도시개발 지역으로 선정했다. 이어 그는 1710년 8월에 칙령을 통해 러시아 각지로부터 4720명의 장인을 가족과 함께 새 도시에 영구주거토록 명령하여 초기 도시인구를 강제적으로 늘려놓았다. 이렇게 강제 정착한 최초의 시민들에게는 왕과 함께 일하는 고통스런 영광이 기다리고 있었다. 열악한 주거환경, 빈약한 영양공급, 과도한 노동과 자연의 도전으로 수많은 사람들이 자신을 이곳에 묻는 혹독한 대가를 치렀던 것이다. 그야말로 늪지에 건설될 건물을 지탱해줄 수많은 나무 기둥과 건설자들의 숱한 뼈 위에 도시는 자신의 모습을 드러내기 시작했다.

최초 도시 건설의 흔적은 오늘날 단 하나의 건물을 제외하고 완전히 사라졌다. 요새로부터 도보로 채 5분도 안 되어서 나는 도시 최초의 주거용 건물이 버티고 있는 그 역사적 현장에 닿았다. 옛 문서에는 정확히 '아름다운 대저택'이라고 적힌 가로 12m 세로 5.5m짜리 목조 건물이다.

사진으로 미루어볼 때 결코 큰 키가 아니었던 민충정공조차 "몹시 작아서 4.5칸에 지나지 않는다!"고 표현했을 정도의 오두막에 지나지 않지만 이 집에서 오히려 선생은 큰 감동을 받으신 모양이다. 『해천추범』의 마지막에는 여행 중 감흥을 모아 쓴 사행시집(使行詩集) 「해천추범소집(小集)」이 붙어 있는데 여기에 선생은 다음과 같이 이 집을 방문한 단상을 적고 그 아래에 시를 붙여두었다.

피득(彼得: 표트르)의 옛집에 가서 보니 간살 막은 것이 무릎을 용납하기에 지나지 않고 집 모양도 작으며 기와는 모두가 나무껍질이니 다스리는 일이 나라를 이롭게 하는 데는 능하고 집치장하는 데는 모자라니 참으로 검약한 영주(英主)이다.

물러나 황제의 높은 자리 사양하고 사업을 세운 처음에
여러 백성들 가리지 않고 같이 살기를 즐겼네.
위엄을 온 세상에 떨치니 일의 시작으로 인했고,
이름은 조그만 기술로 전하니 가지의 남음에 붙였네.
부지런하고 검소한 일생이 피득의 어진 이인데
본래의 마음이 이 띠집을 저버릴까 두렵네.

선생은 이 집에서 표트르의 인물됨을 보고 정치가로서 나라를 다스리는 도를 생각하며 자신의 마음까지 점검하셨다. 오두막집을 방문한 6월 19일의 기록은 "이러한 검약한 계도로서 계책을 남겼으니 참으로 중흥의 현주(賢主)이다."로 끝난다.

러시아 전통가옥을 닮았으나 네덜란드식의 조그만 유리들로 이루어진 큰 창을 낸 이 나무집은 표트르가 요새와 주변의 건설 작업을 독려하기 위해 병사들과 함께 1703년에 3일 동안 직접 지은 이후 약 6년간 매여름마다 거주했던 최초의 궁전이었다. 현재는 '표트르의 오두막'(도믹 페트라)으로 불리는 이 건물의 높이는 205㎝에 불과하다. 키가 204㎝나 되었던 표트르는 186㎝ 높이의 출입문에 여러 번 머리를 부딪쳤을 것이다. '궁전'에는 난방과 취사 시설이 없다. 아침 일찍 일어나 공사 현장에서 인부들과 함께 일하며 식사를 해결했던 노동자 군주의 여름 거처였기 때문이다. 침실을 비롯해 모든 방이 작으나 개중 넓은 서재에는 표트르의 개인 이콘과 도시 건설 계획도, 촛대 그리고 그의 사후에 손을 떠서 만든 동판이 보인다. 투박하고 굳은살이 두툼한 거친 손이다. 이 집을 사랑했던 표트르가 1723년에 이태리 출신 건축가 도미니코 트레지니에게 오두막집을 보호할 겉집을 짓도록 하여 오늘에 이르고 있다. 그 겉집이 도움이 되었기도 했겠지만 2차 세계대전 기간 중 약 900일간 봉쇄된 채 당했던 수없는 독일군의 폭탄 공세를 피해 오늘날까지도 그 최초의 모습을 보여주고 있다는 사실이 놀라울 뿐이다.

밖으로 나왔다. 눈앞에 시의 한 장면 그대로가 펼쳐진다.

네바 강 양쪽으로 화강암 깔리고
물 위엔 다리가 놓이고

강물에 떠 있는 섬들은

녹음 짙은 정원으로 뒤덮였다.(「청동기사」)

표트르가 오두막을 나와 그 주변에 서 있었을 목조 건물 몇
채와 건설 중인 요새의 모습을 바라보며 미래에 건설되리라
상상한 돌의 도시도 바로 이런 모양이었을까?

해군성의 첨탑은 반짝반짝 빛나

저녁 시간이 훨씬 지났지만 백야가 가까운 철이어서인지
길거리는 아직 대낮이나 다름없다. 조금 더 발품을 팔아도 될
것 같아 지하철을 탔다. "이번 역은 네프스키 프로스펙트(대
로)!" 안내 방송을 듣자마자 내리기로 한다. 모든 박물관이 문
을 닫은 시간이지만 다시 한번 의미 있는 기억을 되살려보기
에 네프스키 대로만큼 좋은 곳도 없을 듯싶어서다. 종일 물결
에 흔들리며 자연과 혹독한 환경의 건설현장에서 죽어간 이들
을 생각해서인지 살아 있는 사람들의 활기찬 흐름에 휩쓸려보
고 싶은 모양이다. 지하철에서 내리니 약 150m가 넘는 긴 에
스컬레이터가 나를 곧바로 대로와 만날 수 있게 해준다.

도시의 발전사를 떠올려볼 때 네프스키 대로의 위치는 각
별하다. 고로드 섬 지역을 건설하는 도중에 몇 차례의 홍수를
경험했던 표트르로서는 그곳의 자연 조건이 도시의 중심이 될
건물의 건축에 적합하지 않다는 것을 직접 확인한 셈이었다.

결과적으로 수도로 공포된 이후 10년(1713~1722년)간 발전의 중심은 네바 강 좌안, 즉 현재의 해군부 주변으로 옮겨진다. 사실 표트르가 도시의 최초 중심으로 고로드 섬을 선정한 주요한 동기는 군사적 안전의 확보에 있었다. 따라서 군사적 위협이 사라진 상황에서 네바 좌안 지역을 도시의 중심으로 조성하는 안이 보다 현실적인 것으로 인정되었다. 이 새로운 도시 중심의 건설과 관련해 큰 의미를 갖는 사건이 알렉산드르 네프스키 수도원의 건설(1710~1713년) 및 해군부와 수도원을 잇는 4.5㎞ 길이의 네프스키 대로의 개통(1718년)이었다.

수도원의 건설은 말하자면 새 수도의 정신적 권위를 부여하는 일이었다. 도시의 든든한 정신적 기반을 마련하기 위해서는 새 수도의 건설지가 역사적 장소이자 국가 통치의 중심임을 보여주어야 했던 것이다. 표트르는 이미 1704년 봄부터 가장 적절한 상징으로서 알렉산드르 네프스키를 주목하고 있었다. 프로코피예프의 장엄한 음악과 결합된 에이젠슈타인의 1939년 영화 「알렉산드르 네프스키」의 그 주인공 말이다. 표트르 자신이 1704년에 직접 수도원이 자리할 곳을 선정하는 일에 참여하였던 것으로 미루어 새로운 수도 건설에 대한 군주의 결심이 이 시기와 연관되었으리라 짐작해볼 수 있을 것이다. 물론 수도원 설립의 공식적 연대는 1710년으로 기록되고 있다. 도시의 안전이 사실상 보장된 1709년 이후에야 수도원의 건설이 본격화되었기 때문이다.

요새 안 베드로-바울 성당의 석조 건설을 주관했던 트레지니가 수도원의 건설 계획안도 맡아 1722년에 수도원 최초의 석조건물인 수태고지 교회를 건설하자, 1724년 5월 말에 황제는 자신이 직접 주관한 성대한 행사를 통해 블라디미르 시에 안장되어 있었던 알렉산드르 네프스키의 유해를 이곳으로 모셨다. 그 직후에 차르는 1380년에 성인으로 추대된 바 있는 알렉산드르를 새 수도의 수호성인으로 공표함으로써 상트 페테르부르크를 성인의 유해를 보유한 역사적 도시로 만들었다.

따라서 네프스키 대로의 건설은 수도원으로 대표되는 도시의 역사·정신적 중심지와 해군부 지역에 건설되고 있던 새로운 시의 중심을 연결하는 의미 있는 작업이었다. 공사는 두 단계로 진행되었다. 1단계는 1711~1713년의 공사로 노브고로드로(현재의 리곱스키 대로)와 현재 해군부 자리에 자리 잡았던 조선소를 연결하는 작업이었다. 이 도로 건설 사업은 주로 군인과 포로들, 전국에서 차출된 농민들의 힘으로 이루어졌다. 최초의 네프스키 대로가 출현한 것이다.

하지만 대로의 완성까지는 두 번째 단계의 공사가 필요했다. 1713년부터 5년에 걸쳐 진행된 제2단계 건설로 수도사와 도시민 부역자들에 의해 얼마간 중구난방으로 진행된 수도원까지의 도로 연장 작업이 그것이다. 당시 계측기술의 부족과 시차를 두고 진행된 두 차례의 공사로 인해 네프스키 대로는 직선이 아니라 두 개의 도로가 한 지점(현재 모스크바 역이 있는 봉기 광장)에서 비스듬히 만나 꺾인 모양을 갖게 되었다.

약간 틀어지기는 했지만 이렇게 하여 옛 서울로 치자면 종

로쯤에 해당하는 도시 발전의 중심축이 출현하였다. 특히 1738년에 네프스키를 중심으로 다른 2개의 주요 도로— 보즈네센스키 및 고로호바야 거리—를 건설하고 이를 세 운하— 모이카와 판탄카 및 예카테리나(현재의 그리바예도프) 운하— 와 교차하도록 하는 계획안이 확정될 때 네프스키는 도심지의 중심 골격을 형성하는 도로가 되었다.

그런데 이 중심 도로가 당초의 계획과 달리 비틀어진 모습으로 건설되었다는 사실은 묘하게도 나에게는 표트르 1세가 창조하고자 했던 전 러시아 도시의 모범적 삶의 향후 발전 과정을 반영하는 듯 느껴졌다. 표트르가 꿈꾸었던 페테르부르크적 삶의 이상은 규범이 지배하는 국가였다. 그 안에서는 모든 삶이 계획과 규정에 의해 지배되고, 기하학적인 균형이 준수되며, 정확하고 일사불란한 관계로 정비되어야 했다. 대로들은 곧게 뻗어나가고, 궁전들은 공식 승인된 계획에 따라 지어져야 했다.

하지만 당초의 이상은 현실화되지 못했을 뿐 아니라 오히려 더 왜곡되었다. 18세기 중반 예카테리나 2세 시절 이후 네프스키 대로는 마치 거대한 진열장처럼 그 자체로 큰 구경거리가 된다. 이 도로에 건설된 상관(商館 고스티니 드보르: 현재는 백화점이다)은 급격한 프랑스 문화와 서구 사치품들의 유입을 통해 이 길을 도시에서도 가장 모던한 곳으로 바꾸는 데 결정적 역할을 하면서 네프스키 대로변에 삶의 터전을 잡은 다수의 귀족들을 만족시켰다. 이후 1848년에 문을 연 백화점

파사쥐, 1873년에 영업을 시작한 유럽 호텔, 엘리세예프스키 형제의 고급 상점, 카페, 고급 레스토랑들과 과자점, 수많은 고서점과 골동품점, 한때 50여 개에 다다랐던 은행들, 극장, 도서관과 궁전, 대학 등등이 들어섰다. 만물상 같은 이 거리로 사람들은 몰려들었다.

"네프스키 대로에서 이루어지는 사람들의 만남, 이것 하나만으로도 웬만한 책 한 권은 쓸 수 있을 것"이라던 도스토예프스키의 단언은 오늘날까지 틀리지 않고 있다. 사람들이 상점과 카페를 기웃거리고, 각종 정치적 토론의 장이 벌어지는가 하면 데모 행렬조차 이곳을 지나가지 않으면 안 되었다. 특히 19세기 초반에 이 도시에 살고 있었던 소설가 고골리의 단편 「네프스키 대로」는 압권이다.

네프스키 대로만큼 멋있는 곳은 없다. 적어도 페테르부르크에서는 그렇다. 네프스키 대로는 곧 페테르부르크인 것이다. 이 네프스키 대로에서는 모든 것이 다 빛을 발한다. 아무리 사무적인 페테르부르크 시민일지라도 네프스키 대로만은 세상 어느 것과도 바꾸지 않으리라. 청년이나 장년의 신사에게도 이 거리는 매력으로 가득 차 있다. 그리고 여인! 오, 그들에겐 이 거리가 더 매력적일 수밖에 없다. 아무리 바쁘고 필수불가결한 일도 네프스키 대로에 들어가기만 하면 씻은 듯이 잊혀지게 마련이다.

네프스키 대로
(1750년대).

하지만 표트르가 확고히 하고자 원했던 당초의 규범과 질서
는 노쇠했고 구경거리 가득한 화려한 무대 뒤로 숨어버렸다는
사실을 작가들은 예리하게 탐지해냈다. 밤거리의 찬란한 조명
들 사이를 '코'로 상징되는 허위의 관등이 휘젓고 다니지만 그
너머의 어둔 밤길로는 자신의 잃어버린 외투를 찾으려고 애쓰
다 열병이 들어 비참한 최후를 맞은 아카키 아카키예비치의
혼령이 떠돈다. 허위와 탐욕이 판을 치고 인생 전체가 계급에
따라 결정되는 것을 잘 아는 속물들의 치열한 삶의 바로 옆에
는 초라한 골방에서 고민하는 영혼들의 죽음이 목도된다.

잘 알려진 고골리의 『코』나 『외투』뿐 아니라 단편 「네프스
키 대로」의 주인공 피스카료프는 네프스키 대로에서 자신의
이상형인 천사 같은 미녀를 우연히 만나게 된다. 주인공은 자
신의 마음을 고백할 생각으로 그녀를 뒤따라가지만 유곽으로
들어가는 여인을 목도하고 말았고 이후 그녀의 정체를 알게

되었다. 네프스키 대로의 화려함에 기대어 함께 자라가는 부패와 부조리에 대한 분노와 그에 대한 헛된 저항, 그리고 여인에 대한 상사병에 시름하던 청년은 결국 자신의 어두운 골방에서 죽음을 맞이한다.

"결코 네프스키 대로를 믿지 말지어다. 그곳의 모든 것은 기만과 꿈……실제와는 다른 모습을 보이기 위해 악마가 환상의 램프를 밝히는 이 네프스키 대로는 영원한 거짓말쟁이." 피스카료프의 입이 이렇게 말하며 막 불을 밝힌 가로등 뒤에서 불쑥 튀어나올 것 같다.

힘없는 개인들이 이 거리에서 만났던 안개와 어두움 그리고 추위는 때로 집단적 저항으로 폭발했다. 1860년대 혁명의 열병에 걸린 대학생들은 당초 도로 건설에 동원된 인부들의 미천한 집단 거주지였던 카잔 성당 앞에 모여 출정 집회를 갖고 전제정을 비판한 후 황제의 집무궁인 동궁까지 가두시위를 벌이며 경찰과 자주 충돌하였다. 상허 이태진이 『소련기행』에서 "나는 쿠투조프 동상이 선, 이것도 나폴레옹과의 전승기념인 듯한 대운주낭하로 둘린 길녁공원에 이르렀다."고 한 바로 그곳이 학생들의 집결 장소였다. 1905년 1월에는 착취당하고 헐벗은 14만여 명의 노동자들이 가퐁 신부의 지도에 따라 차르의 자비를 청하는 계획된 집회를 동궁 앞에서 벌이다 발포한 군과 경찰에 쫓겨 이 거리를 붉게 물들였다. 이 사건은 1905년 제1차 러시아 혁명의 도화선이 되고 말았는데 이때 궁전광장에서 네프스키 쪽으로 쫓겨났던 민중이 1917년에는 네프스키로부터 황궁을 향해 노도처럼 밀고 들어갔던 것이며 몇 달 후 로마노프 전제왕가는 역사에서 사라졌다.

오늘의 네프스키 대로는 다시 활기를 찾았다. 걷다보면 이 거리가 잦은 갈등의 현장이라기보다 종교적만큼은 관용의 거리라는 느낌을 받게 된다. 네프스키의 시작 지점인 해군부 건물로부터 거리를 따라 걷노라면 다양한 종파의 교회들을 만난다. 그 처음이 모이카를 건너 만나게 되는 사도 베드로 교회다. 1730년에 건설된 이 루터교 예배당은 이후에 화란인들을 위한 개신교회가 덧붙여져 확장되었다. 다음은 96개의 코린트식 열주가 네프스키 거리를 향해 반원형으로 펼쳐지는 정교회 카잔 성당으로, 명문 스트로가노프가에서 일하던 농노 출신의 보로니힌의 설계로 1811년에 완공되었다. 도시의 수호 성상화(이콘)인 '카잔의 성모상'이 이 교회에 모셔져 있었다. 교회는 나폴레옹을 격퇴한 러시아군 총사령관 쿠투조프의 유해가 안장된 곳이기도 하다. 거기서 카잔 다리를 지나면 화가들이 자신의 그림을 팔기도 하고 사람들의 초상화를 그려주기도 하는 넓은 마당이 나타나는데, 그곳에 순교자 예카테리나(캐더린)를 기념하는 로마가톨릭 교회가 위치해 있다. 1780년대 말 예카테리나 여제 시대에 지어진 건물로 소련 시절에도 예배가 진행되었던 곳이다. 이웃한 호텔 에브로파(유럽)를 지나면 또 하나의 석조교회인 아르메니아 정교회당이 나타난다. 예카테리나 2세가 터키의 압제 아래 있던 아르메니아인들의 청원을 받아들여 1778년에 완공된 건물로 독특한 청록색 배경에 흰 대리석 배흘림기둥이 인상적이다. 아르메니아와 러시아는 모두 정교를 신앙하지만 각각의 교회는 독립적으로 활동한다.

밤 10시가 가까운 시간, 제법 어두워졌으나 네프스키는 한 산할 틈이 없다. 이 밤까지 네프스키가 사람들을 끌어 모으는 이유는 그곳에 문화가 있기 때문이다. 갑자기 잘 차려입은 사람들이 거리로 쏟아져 나온다. 네프스키에는 10여 개의 크고 작은 극장이 위치하고 있고 지금이 바로 그 극장들이 오늘의 공연을 끝낼 시간인 것이다.

20세기 전반에 문을 연 에스트라다 극장이나 봉쇄기념(블로카드) 영화관 등은 젊은 건물에 속한다. 예술 광장에 접해 있는 오페라 발레 아카데미 소극장처럼 유서 깊은 극장이 많기 때문이다. 1833년에 건설된 미하일로프스키 극장으로 출발한 이 '소극장'은 실제 1,000여 석이 넘는 큰 규모로 거의 매일같이 오페라와 발레의 고전들을 올리고 있다. 그 옆에 위치한 러시아 박물관 건너편에는 옛 레닌그라드 필하모닉의 주 연주장인 쇼스타코비치 기념 필하르모니아 건물이 있으며, 이웃한 글린카 기념 소극장도 음악 전문 공연장이다. 계속 길을 따라 고스티니 드보르를 지나면 고골리의 『검찰관』이 초연된 알렉산드린스키 극장이 보인다. 1832년부터 공연을 시작했던 역사 깊은 건물이다. 그 맞은편에는 어린이 인형극장 마리오네톡과 아카데미 코미디 극장이 위치하는데 후자는 주로 풍자극과 희극을 공연한다.

판탄카와 그 주변에서도 공연장들을 볼 수 있다. 어린이 극장과 주로 민속 공연을 하는 벨로셀스크-벨로제르스크 극장, 그리고 네프스키 86번지의 스타니슬라프 기념 연극-콘서트 홀 등이다. 그뿐인가. 작곡가 차이코프스키가 살았던 집(말라야 모르스카야 13번지), 국민악파 큐이의 집(레카 판탄키 38번지)도 네프스키 바로 옆이다. 여기에 주요 역사적 인물이나 문학가들과 밀접한 네프스키의 건물들, 소규모의 전시장과 개인 박물관, 대학과 도서관들까지 덧붙이자면 네프스키 거리에 대한 소개는 정말 끝없는 이야기가 되리라.

역사·문화적으로 도시사를 함축한 네프스키는 이번 답사의 주 무대가 될 것 같다. 필연적으로 그럴 수밖에 없는 이유가 하나 더 있으니 공교롭게도 나의 숙소를 네프스키 대로가 구부러지는 지점에 위치한 호텔 '옥차브리스카야로 정했기 때문이다. 혁명 전에는 북방(세베르나야) 호텔이라고 불렸는데 1900년에 이범진 주러 대한제국 공사의 임시 사무실이 이곳에 있었다고 한다. 상주하며 외교 실무를 담당하지는 않았으나 민영환 선생이 공식적으로는 최초의 주러 공사였고, 그 다음이 이범진 공사였다. 민충정공의 여정을 뒤따라보려고 작정했던 내 생각을 아신 하늘의 인도가 아니었을까!

옥차브리스카야는 '10월'의 형용사, 다시 말해 1917년 10월 러시아 혁명과 동일한 의미다. 호텔이 위치하고 있는 장소는 '보스타니야 광장, 즉 봉기광장이고, 맞은편에는 혁명 후의 수도 모스크바 방향으로 오가는 철도의 발착지 '모스크바 역'이 서 있다. 이렇게 생각하니 갑자기 머리가 복잡하다. 나는 하루 만에 도시사의 출발 지점부터 제정러시아의 마지막 시점까지 달려온 셈이 아닌가.

이 젊은 수도 앞에서 늙은 모스크바는 광채를 잃었다

환한 아침의 태양으로 더욱 활기찬 도심이 여행자를 깨운다. 하루 일정을 생각하며 식탁에 앉아 있는 내 앞에 웨이터가 아침식사가 담긴 커다란 접시를 내려놓는다. 그런데 그때 접시 끝이 조금 떨어져 나간 게 보였다. "내 접시가 깨졌네요." 웨이터를 향해 불만어린 목소리로 무심코 입을 열었던 나는 저쪽의 능청맞은 대답에 말이 막히고 말았다. "큰 접시 중에 좋은 놈은 다 모스크바에 빼앗겨버렸거든요."

모스크바가 이 도시에서 가져간 것이 어디 좋은 접시뿐이랴! 러시아 혁명과 함께 페테르부르크는 러시아 제국의 영광을 빼앗겨버린 것이다. 그 순간 오늘 갈 길이 정해졌다.

나는 먼저 에르미타주를 보고 싶었다. 세계 3대 박물관의 하나로 유명한 연유도 있지만, 제정러시아 황궁이며 황제의 평소 집무실이 되었던 '겨울궁전'(冬宮)을 포함하여 4개의 건물이 서로 연결되어 있는 이곳은 그 자체로 페테르부르크 역사와 문화의 상징이다. 소장 예술품 수를 놓고도 어떤 책은 250만 점이라고 하고 다른 책은 270만 점이라고 하니 각 유물들을 1분씩만 보아도 5년가량이 걸린다는 표현이 더 정확할 듯싶다. 작품의 수뿐만 아니라 그 예술적 수준도 결코 뒤지지

에르미타주에서 본 궁전광장과 알렉산드르 기둥.

않으며, 특히 그 인테리어의 호화로움에서는 루브르나 대영박
물관을 압도한다.

네프스키에서 에르미타주로 가려면 콩코드 광장을 닮은 궁
전광장을 통과하는 것이 지름길이 된다. 참모본부의 아취를
지나 궁전광장으로 들어서면 나폴레옹 전쟁의 승리 기념비격
인 알렉산드르 기둥이 광장의 중앙에 서 있다. 1834년 세워진
프랑스 건축가 몽펠랑의 작품인데 무게 600톤, 높이 47.5m짜
리 자줏빛 단일 대리석 기둥이다. 꼭대기에는 알렉산드르 1세
의 얼굴을 한 천사상이 왼손으로 십자가를 붙잡고 오른손으로
하늘을 가리킨 채 발 아래 뱀을 십자가로 누르고 서 있다.

기둥 뒤로 3층짜리 겨울궁전의 모습이 들어온다. 검은 돌로
이루어진 광장과 직선으로 솟아오른 알렉산드르 기둥이 화려
한 바로크풍으로 지어진 파란색 동궁 건물의 하얀 기둥들과
잘 조화되어 제정러시아 시절의 영광을 소리 없이 힘차게 응

변한다. 이곳에서 우리는 잠시 역사에 귀를 기울이지 않을 수 없을 것이다.

겨울궁전의 첫 건설은 1711년 표트르 1세에 의해 이루어졌다. 2층 목조로 현재의 에르미타주 극장 자리에 건설된 최초의 궁전은 1712년에 러시아 군주의 재혼 피로연 장소로 이용되었다. 표트르가 많은 인사들을 초청하여 재혼식을 페테르부르크에서 거행한 데에는 다분히 전략적인 이유가 있었다. 군주는 모스크바와 전통적인 지방 영지에 거주하던 대귀족들과 고위 관리들이 차르의 결혼식에 참석하지 않을 수 없으리라 계산하고 있었던 것이다. 페테르부르크가 도시로서의 시설을 갖추지 못한 상태였기에 행사가 끝나는 대로 가능한 빨리 도시를 떠나고 싶어했던 손님들에 대해 표트르는 자신의 허락 없이는 아무도 시 경계를 벗어날 수 없다고 선언함으로써 강제적으로나마 상층부의 수도 이주를 단번에 이루어냈다.

1719~1720년에 표트르는 여름정원의 한편에 지어진 좁은 궁전에 거주해왔던 자신의 가족을 위해 두 번째 동궁을 석조로 건설하도록 했고, 바로 이곳에서 자신의 최후(1725년 1월)를 맞이하였다. 표트르의 두 번째 아내이자 다음 황제에 오른 예카테리나 1세는 1726~1727년에 트레지니를 시켜 이 건물을 확장하였다. 그것이 세 번째 동궁이었다.

현재의 동궁은 예술적으로 고상한 취미와 식견의 소유자이기도 했던 표트르의 딸 엘리자베타 여제(1741~1762년 재위)에 의해 그 기초가 놓여졌다. 러시아에서 그녀의 치세기는 건축적으로 바로크 양식의 절정기에 해당한다. 표트르 1세 시기부터 유행한 초기 바로크가 소박하고 장식을 절제한 것이었다면 이 시기의 바로크는 큰 곡선과 넓은 유리창을 과시하며 화려한 장식이 가미된 '엘리자베타'식 바로크였고 그 백미가 바로 네 번째 '겨울궁전'이다.

엘리자베타 시대 러시아 바로크 건축의 영웅은 이태리 출신의 프란시스코 라스트렐리였다. 이 점에서 여제는 외국 출신인 트레지니로 하여금 다수의 건축물을 짓도록 했던 부친을 계승한 인물다웠다. 라스트렐리는 '겨울 궁전'을 비롯해 교외의 별궁이라 할 수 있는 페테르고프, 황제마을(차르스코예 셀로) 및 스트렐나 등지의 기품있는 대궁전들을 남긴 주인공이다. 이 재능있는 건축가는 황가뿐 아니라 대귀족 스트로가노프 가문을 위해서도 화려한 궁전을 설계(1752~1754년)함으로써 상류사회에까지 바로크 유행을 일으켜놓았다.

1754~1762년에 현재의 위치에 건설된 동궁은 그 크기나 위용, 장식적 화려함에서 이전의 궁전들과는 비교가 되지 않았다. 1,000개 이상의 방과 사방에 출입구를 가지도록 한 이 건물은 러시아 바로크의 절정이자 쇠퇴의 시점과 맞물려 있다. 광장 쪽으로 향한 정면은 3개의 아치로, 서쪽(해군부 방향)은 건물 전체에 굴곡을 주어 구조적 단순함을 피함과 동시에 큰 창문들과 짧지만 위용을 잃지 않도록 계획한 흰 기둥들을 과감히 채용하였다.

건물만이 아니다. 박물관을 설립할 목적은 아니었지만 본격적인 서구의 작품들을 소장하기 시작한 이도 여제 옐리자베타 페트로브나였다. 하지만 공사가 완공되고 바로크의 화려함을 누리며 오늘날과 같은 대박물관으로 발전하는 데 기초를 닦은 인물은 옐리자베타의 며느리로 간택되어 러시아로 시집을 왔던 독일 출신의 예카테리나 2세(1762~1796년 재위)다. 서구사회에서 계몽군주로 이름이 높았던 예카테리나는 1764년에 프러시아의 프리드리히 2세로부터 부채에 대한 상환금 대신으로 225점의 그림을 받게 되는데 이것이 에르미타주의 1차 수집품이었다. 그 후 여제는 4천 점 이상의 회화 작품들을 사들여 동궁의 공간을 장식해 나갔고 작품의 수장을 위해 건물들을 잇는 공사까지 추진했다. 그리하여 1764~1775년 사이에 소(小)에르미타주가, 1771~1787년에는 대(大)에르미타주 건물이 건설되었다. 극장에도 관심을 표명했던 여제는 1783~1787년에 최초의 동궁 자리에 에르미타주 극장을 짓도록 한 후 겨울 운하 위의 낭하를 통해 대에르미타주와 연결하였다. 1851년에 마지막으로 여제의 셋째손자였던 니콜라이 1세에 의해 또 하나의 건물인 신(新)에르미타주가 건설되어 역시 기존 건물들과 연결되었다. 이러한 과정을 거쳐 1852년부터 일반 백성에게도 공개되는 세계적 박물관이 탄생하였다.

에르미타주가 순탄한 발전의 과정을 밟았던 것만은 아니다. 특별히 1837년 12월 17일에 발생하여 30시간 이상 계속된 대화재야말로 결정적인 위기라 하지 않을 수 없었다. 이날 동궁 전체가 벽과 1층 일부만 빼고 전소되었다. 다행히 신속한 조치로 예술품 대부분과 가구들이 화마를 피할 수 있었고, 궁전 건설에 대한 기록들도 건질 수 있었기에 곧바로 대대적인 복원 사업의 추진이 가능했다. 볼콘스키 궁정부 대신 산하의 동궁 복구 특위는 부률로프, 스타소프 등의 유능한 인물들의 헌신적 노력과 매일 8천~1만 명이 동원되는 2년간의 대역사에 힘입어 황궁의 옛 모습을 되찾는 데 성공했다. 동원된 인부들에게 가혹한 중노동을 강요한 결과이긴 했으나 당시로서 2년이라는 공사기간도 기적 같은 일로 평가받았다.

　제정러시아의 역사에서 나라의 정치적 위기는 곧바로 동궁의 위기를 의미했다. 1905년 1월에 궁전광장이 주무대가 된 '피의 일요일 사건'은 앞서 언급했듯이 혁명의 직접적인 도화선이 되었고, 결국 1917년 7월부터 케렌스키가 이끌었던 임시정부가 황궁을 접수했다. 하지만 같은 해 10월 24~25일 밤에는 볼셰비키에 동조하는 노동자와 병사들에 의해 임시정부의 요인들이 같은 곳에서 체포되는 사태가 벌어졌다. 동궁을 배경으로 한 혁명의 신화가 또 하나 추가되는 순간이었다.

　오늘날의 겨울궁전은 그야말로 러시아를 대표하는 관광지다. 유유히 흐르는 네바 강의 물결을 보며 관람을 시작한 순간부터 에르미타주의 진정한 신화는 그 소장 예술품에 있음을 실감할 수 있다. 에르미타주만큼 전 세계 예술품을 골고루 소장한 미술관도 쉽게 찾을 수 없다. 유명한 스키타이 황금유물부터 고대 이집트와 그리스·로마의 유물들, 서유럽 각국의 명화들과, 동양(이란에서 중앙아시아와 일본에 이르는)의 골동품들까지 두루 갖추어져 있다. 그러므로 에르미타주의 상설전시품을 하루 만에 다 보겠다는 꿈은 애초부터 버리는 편이 좋다. 관람자가 전시물을 모두 돌아보려면 박물관 안에서만 27㎞를 걸어야 한다니 구경 자체가 대장정이다. 특히 렘브란트의 그림은 네덜란드를 제외하면 그 양과 질적인 면에서 세계 최고인데 이는 알렉산드르 1세가 1815년에 직접 나폴레옹의 부인 조제핀의 컬렉션을 러시아로 반입한 덕분이다. 이때 구입한 그림들 중에는 「돌아온 탕자」, 「십자가에서 내려지는 그리스도」, 「이삭을 바치는 아브라함」 등 유명한 작품들이 들어 있었다. 레오나르도 다빈치와 미켈란젤로, 라파엘, 루벤스, 고호와 고갱, 피카소와 마티스, 로댕의 작품까지 미술교과서를 통해 낯익은 명화들과 조각품, 그리고 수많은 장인들의 공교하기 짝이 없는 공예·장식품들을 만나는 일은 이곳을 방문하는 사람들의 큰 즐거움이다. 정말 에르미타주 하나만으로도 페테르부르크에 가볼 만한 가치가 있다.

세계적인 미술품들을 보노라면 감탄이 먼저 터져 나온다. 1896년 8월 1일 '관온궁'(觀溫宮: 황제의 겨울궁전)에 들렀던 민영환 선생 일행도 그러했다. "금으로 만든 대궐로서 복도와 회랑이 서로 연하고 통해 화려하고 넓고 크며 벽에는 역대 황제의 초상과 옛날의 전진도(戰陣圖)를 걸었는데 모두가 유화이다." (오호라! 나폴레옹 군대와의 싸움과 승리를 기리는 조국전쟁 기념실(2층 197호)을 둘러보셨구나.) "곁에 있는 박물원에는 역대에 쓰던 투구와 갑옷과 창과 대포 및 갖가지 완호(玩好)의 물건을 벌여놓았는데 희귀하고 진기한 보배로서 이루 다 말할 수 없다."(『해천추범』)

각 방과 유물들을 일일이 거론하는 것보다 더 효과적으로 자신의 감상을 드러내시던 선생도 여기 2층 204호의 '모자이크의 방'에서만큼은 오랫동안 멈추어 서 계셨음이 분명하다. "한 방에는 가운데에 한 그루의 금나무(가지와 꽃과 잎을 금으로 만들었음)를 심고 금으로 만든 공작 1마리와 금닭 2마리(역시 금으로 만들고 속에 기계장치를 두었음)를 세워놓았다. 상고하건대 시간마다 날고 울어서 종을 대신하여 나타내니 참으로 기이한 물건이다." 충정공 당시에 매시간 날개와 깃털을 펴면서 울려 퍼졌던 공작 황금시계의 시보가 현재는 특별한 날들에만 들을 수 있다는 점을 제외한다면 선생의 묘사는 모두 지금과 완전히 일치하고 있다.

공작 시계가 있는 방을 지나 206호실로 들어가면 3층까지 본격적으로 회화와 조각품의 세계가 펼쳐진다. 214호에 있는 다빈치의 「성모자상」과 230호 미켈란젤로의 조각 「웅크린 소년」을 본 후 주변이 온통 그림과 대리석 화병들로 가득한 238호 홀에 도달한 나는 그만 지쳐 붉은 빌로드 의자에 한참을 앉아 연달아 하품을 하고 말았다. 그 순간 그 방을 지키시던 할머니가 다가오신다. 아까부터 나를 주목하신다 싶더니만, 어째 느낌이 좋지 않다.

"어디서 온 분이신가?" 아주 조용히 러시아어로 물어 오시는 순간 나는 벌써 이 곤경을 빠져나갈 궁리부터 한다. '중국?

에르미타주 박물관
238호실.

일본? 베트남이라고 대답할까? 아니면 영어로 대답해버릴까?'

"저는……그러니까……" 러시아어로 얼버무리기로 했다. 이곳 사람들이 한두 개쯤의 외국어는 상당 수준으로 구사한다는 사실을 기억한 탓이다.

"좋아요, 러시아어를 하시네. 잠시 쉬면서 내 이야기 하나 들어보려우?" 갑자기 박물관 천장 유리로부터 햇살이 내게 미소를 보내는 느낌이다. "예전에 이 박물관 설립자인 에카테리나 여제가 사람들에게 자신의 그림들을 보여주면서 10가지 관람규칙을 만들고 이를 어기면 벌을 내렸어요. 거기에는 이런 것들이 있었지. 모자와 칼과 모든 사회적 지위는 밖에 두고 들어올 것, 타인에게 방해가 되지 않도록 조용하고 점잖게 담소할 것, 미술품 앞에서는 한눈팔거나 하품하지 말 것!"

그리고는 한 가지 조항이라도 어긴 사람에 대한 첫 번째 벌이 '찬물 한 잔을 마시게 하는 것'이었다며 음수대가 있는 곳을 말씀해주신다. 이 사람들 사람 기죽이는 방법도 참 여러 가지다. 음수대로 가 물 한 모금 마시면서 레닌그라드 방문 둘째 날 이곳을 본격적으로 구경했던 상허 이태준의 '미트라스'(에르미타주) 박물관 관람기를 떠올리며 스스로를 위로해본다.

"대부분 이태리와 불란서의 이름 있는 건축가들과 화가들의 손으로 된 궁실들은 실내구조와 장치 그것이 장시간 볼 만한 공예인데 우리는 먼저 화랑들에서 눈이 피곤해지고 말았다. 다빈치, 라파엘, 루벤스, 렘브란트의 종교화들, 고대 희랍 출토와 미켈란젤로의 조각들, 그리고 관람에 가장 신중한 절차를 밟게 되는 보물부는 구석진 아래층인데 순금과 금강석의 공예품과 역대 제왕, 승정(僧正)들의 왕관, 면류관들이 그득차 있었다. 고대 순금 장신구에는 우리 경주 금관과 수법이 근사(近似)한 것이 많았다. 이 박물관을 제대로 자세히 보자면 4,5일 걸려야 될 것 같았고……"(『소련기행』) 어차피 오늘 다 보기는 틀렸다 싶어 나는 그 길로 '조각들과 건축미의 전람회장 같은 (궁전)광장'으로 나오고 말았다.

에르미타주는 걸음마 수준에 머물던 페테르부르크의 유럽을 향한 발걸음이 표트르 사후에 본격적인 달음질로 되었음을 보여주는 상징이다. 내부의 수많은 소장품은 그 달음질로 맺힌 땀방울들이라고나 할까! 강 건너편에서 보면 에르미타주는 커다란 배를 연상시킨다. 그래서인지 네바 쪽 강둑을 따라 해군부 쪽으로 걸어가는 나를 에르미타주가 계속 따라온다 싶었다. 하지만 해군부 뒤편 네바 쪽에 서 있는 작은 청동 조각상을 보고는 내가 아니라 표트르를 따라가는 것이었음을 곧 깨

달았다. 그 조각은 영광스런 러시아라는 배의 앞머리를 손수 깎고 있는 표트르 자신을 묘사하고 있다. 조금 더 걸어가니 그는 '청동의 기사상'이 되어 힘찬 팔로 러시아의 미래를 밤낮없이 가리키는 열정의 군주로 내 눈앞에 나타난다.

'청동의 기사'는 표트르의 후계자임을 자처했던 독일 출신의 여황제 예카테리나 2세가 프랑스 조각가 팔코네에게 의뢰하여 1782년에 세운 동상이다. 개인에게 바쳐진 제정러시아 최초의 기념비이기도 하거니와 약 600톤에 달하는 거대한 단일 화강암 위에 표트르를 태운 말이 뒷발로 뱀을 밟은 채 두 발을 들고 울부짖는 생동감 넘치는 모습으로 예술적 성취 면에서도 높은 평가를 받는 작품이다. 이 '청동의 기사'를 흠모했던 충정공은 1897년 5월에 페테르부르크를 재방문한 길에 일부러 이 동상을 찾으신 모양이다. "강에 임해서 또 큰 돌탑이 있는데 높이가 한 길이 넘고 둘레는 두 길이 된다. 그 위에는 피득대제의 말 탄 동상을 세웠는데, 오른손에는 고삐를 잡고 왼손으로는 북쪽을 가리켜 말을 몰아가는 형상을 했는데 자못 용맹하고 사납다.(『사구속초(使歐續草)』, 5월 19일)

표트르는 단호한 얼굴로 네바를 응시한다. 그가 탄 말이 밟고 있는 뱀은 말할 것도 없이 러시아를 방해하는 반대자들이다. 알렉산드르 기둥에 올라 있는 뱀 역시 동일한 상징이다. 표트르는 자신이 부리는 말(인민)을 몰아 뱀을 짓밟았고, 알렉산드르 1세는 하늘의 도움(십자가)으로 그 뱀을 제압한다. 그리하여 한 사람은 북유럽의 패권을 거머쥐었고, 그의 자손인 또 한 사람의 군주는 전 유럽의 황제 자리를 차지했다. 그 두 황제의 얼굴이 모두 러시아의 미래를 의미하는 네바를 향하고 있음도 의미 있다.

오늘도 에르미타주는 계몽과 부국강병이라는 깃발을 치켜들고 표트르를 따라간 후대 왕들의 행보를 웅변하고 있다. 베드로와 바울의 요새 건너편에 펼쳐진 표트르의 도시, 이 젊은 수도의 기세에 옛 모스크바는 빛을 잃은 듯 보였다.

> 북국의 꽃이자 기적인 이 청년도시는
> 어두운 숲 속에서, 물 고인 늪지에서
> 화려하게, 당당하게 일어섰다.
> 한때…… 핀란드의 어부가……
> 낡아빠진 어망을 던지던 곳,
> 지금은 생기를 되찾은 기슭에
> 으리으리한 궁전이며 탑들이 빽빽이 들어서고
> 세계 곳곳에서 선박들이
> 이 풍요로운 항구를 향해 속속 모여든다.
> 젊디젊은 왕비를 마주한 홀로된 대비(大妃)마냥
> 이 젊은 수도 앞에서
> 늙은 모스크바는 광채를 잃어버렸다. (「청동기사」)

이 정원들을 그리곤 했었다, 축복의 땅이여

거리는 토요일을 맞아 외출한 시민들로 북적인다. 어제는 간간이 눈발까지 날렸는데 오늘 오후의 햇살은 제법 뜨겁다. 짧은 스커트에 반팔을 입은 아가씨들이 아이스크림을 먹으며 거리를 활보한다. 방금 보고 온 에르미타주의 흰 기둥처럼 젊은 여인들의 팔과 다리, 목까지 빛을 발하며 수직으로 솟아오르는 것 같다. 헛것이 보이는 게 아무래도 배가 고픈 모양이다.

간단히 요기나 하려고 무작정 들어간 곳, 현악 4중주단의 우아한 연주에 정신을 차리고 메뉴판에 적힌 상호를 보니 '문학 카페'라고 써 있다. 아내 나탈리아에게 치근대던 근위대 장교 단테스에게 결투를 신청한 푸슈킨이 1837년 1월 27일에 입회인과 함께 이곳에서 떠나 결국 불귀의 객이 되었다는 유명한 장소다.

알렉산드르 세르기이비치 푸슈킨. 1999년에 한 텔레비전 방송국이 그의 탄생 200주년을 기념한다며 수개월에 걸쳐 각계각층의 국민들로 하여금 매일 『예브게니 오네긴』의 한 구절씩 암송케 한 후 저녁마다 이를 보여주며 함께 추억했을 정도로 추앙 받는 국민적 시성(詩聖)이다. 그가 최후를 맞은 집인 모이카 12번지가 이 카페에서 가깝다. 문학박물관으로 꾸며진 시인의 집에는 그의 친필 원고의 사본과 문구류, 장서가 1837년 당시의 모습대로 전시되어 있다. 서재의 시계는 오늘도 시인의 사망 시간(1837년 1월 29일 새벽 2시 45분)에 멈추어 서 있다.

비프-스트로가노프(일종의 고기스튜 덮밥) 한 접시만 주문해 먹었는데 15불이 넘는 청구서가 함께 배달되었다. 연주비까지 포함되어 있다고는 하지만 페테르부르크가 세계 도시물가 7위라던 보도가 떠오르는 순간이었다. 밥값을 치르며 작심한다. "좋은 날씨에 교외로 나가 공짜 햇볕이나 실컷 쬐리라!"

러시아 사람들에게 페테르부르크라고 하면 시내와 그 주변의 소도시들을 함께 포함하는 개념이다. 교외 지역에 몇 개의 별궁들이 있는데 이들 역시 도시사의 연장으로 여겨지고 있고, 시민들의 삶과도 밀접하기 때문이다.

표트르 1세의 이름은 이후 자신의 후계자들에 의해 계승 발전될 도시 외곽 건설작업 및 문화 사업과도 관계가 있다. 그 첫째는 일종의 해군 전초기지이자 요새로 건설된 크론슈타트다. "서남쪽으로 140리를 가서 크론슈타트 항구에 도착하니 ……바다 속에 이따금 돌을 쌓아 좌우에 포대(砲坮)를 만들었고, 또 산에 의지하여 대(臺)를 쌓고 포가(砲架)를 설치하고 군사를 두어 지킨다." 병조판서를 지냈던 충정공의 7월 20일 크론슈타트 방문 기록은 발틱함대 소속의 군함에 직접 승선해 배의 시설들을 꼼꼼히 살피는 데까지 이어진다.

다음으로 도시 남쪽 20km 지점에 건설된 황제의 마을과 남서쪽 30km 지점에 위치한 '페테르고프'가 있다. 이들은 그야말로 별궁이다. 상허가 레닌그라드의 명소인 '분수공원'이라 소개한 '뻬제레꼬브'는 "1716년(사실은 1714년이다) 뾰도루 1세 때 서전(瑞典: 스웨덴)과의 전승기념으로 세운 왕족휴게소였다." 우리 관광업계가 '여름궁전'으로 소개하고 있는 이곳을 이태준이 들렀을 때는 전쟁 직후여서 60여 개의 분수만 작동

했던 듯한데 원래는 2천여 개가 1천 헥타르에 이르는 공원의 곳곳에서 물을 뿜었던 발틱 연안의 베르사유다. 충정공도 '피털호푸 행궁'을 방문했는데 선생의 관심사는 자연수압으로 작동하는 분수였다. "이곳의 분수는 갖가지 법이 지구상에서 으뜸이라고 하는데 대행궁 앞에 하나가 있고 동남북의 3면에 각종의 분수기 수백 기를 설치했는데 혹 평지에서는 4, 5길이 솟아올라 우뚝하게 구슬기둥과 같이 뚜렷이 서 있고 날리는 물줄기는 마치 대숲을 바람이 흔드는 것과 같고, 혹은 시렁 위에 분수를 드리워 마치 높이 수정 발을 걸어놓은 것과 같으며 사람의 입과 어깨로부터 가로 뻗친 것이 갠 날의 무지개와 같다. …… 쇠로 만든 관으로 18리 밖에서 4백 척이나 되는 높은 산 위의 물을 끌어다가 갈대를 나누어 부딪쳐서 이룬 것으로 참으로 기이한 볼거리요 장관이다." (『해천추범』, 7월 14일)

이외에도 파블롭스크, 가치나 등 교외의 별궁들이 몇 개 더 있다. 그 어느 곳이건 제국의 영화와 만날 수 있겠지만 나는 오늘 오후 방문지로 '황촌'(皇村, 황제의 마을), 즉 차르스코예 셀로를 택했다. 시내에서 가깝기도 하거니와 반나절 관광티켓을 사는 가장 쉽게 오가는 방법이 있어서다. 약 20불을 지불하면 가이드가 딸린 4시간 반짜리 관광버스에 올라 반시간 정도면 도착한다. 나도 그 표를 하나 샀다. 원래 황제의 마을은 1708년 표트르가 자신의 두 번째 아내가 될 마르타 스카브론스카야(훗날 그녀는 남편을 이어 예카테리나 1세로 등극했다.)에게 선물한 땅이었다. 차르는 1710년부터 이곳에 별장용 소건물과 서구식 정원들을 정비하였다. 그 후 동궁 건설을 주도했던 엘리자베타 여제가 이곳을 황가의 여름 거처로 결정하였다. 여제는 도시에 비해 비교적 기후가 좋은 별장 지역에 베르사유에 버금가는 궁전의 건설을 계획하고 그 일을 라스트렐리에게 맡겼다. 그리하여 1752~1756년에 걸쳐 현재 예카테리나 궁으로 불리는 궁전이 화려한 바로크로 건설되었다.

"행궁이 있으니 황제가 피서하는 집이다. 그 궁에 들어가서 두루 보니 넓고 웅대하고 화려한 것은 말할 것도 없고 한 집이 있는데 밀화(蜜花: 일종의 호박)를 조각해서 사방의 벽을 장식하고 또 여러 가지 무늬와 돌을 파서 물린 것이 몇 집인지 알 수 없다."(『해천추범』, 6월 14일) 충정공이 그 화려함에 놀라 이렇게 적어두었던, 세상에서 가장 사치스럽다는 이 호박방에 들어온 러시아 사람들(대부분이 타지 출신의 관광객이다)의 반응은 대개 두 가지다. 하나는 충정공처럼 감탄연발형이요, 또 한 유형은 내 뒤의 한 남자가 내 뱉은 말마따나, "민중의 피를 짜서 이따위로 쳐발랐으니 혁명이 일어난 게 당연해!" 형이다.

궁전도 궁전이려니와 그를 둘러싼 자연환경의 아름다움으로 인해 황촌 별궁의 화려함은 더욱 강렬한 느낌으로 각인된다. 갖가지 새들이 날아드는 아름다운 원림(園林)을 비추는 호수는 유명한 발레 작품인 「백조의 호수」의 배경과 너무나 닮아 있다. 이에 더하여 "지대(地臺)와 임원(林苑)이 몹시 그윽하고 단아하다."고 한 민영환의 기록과 함께 네 계절 각각마다 서로 다른 느낌을 주어 철마다 찾는 이가 끊이지 않는다는 말을 덧붙여야 할 것이다.

하지만 공원과 궁전에 정신을 팔다가 정작 중요한 구경거리를 놓쳐서는 여기에 온 이유가 없다. 이제 러시아 사람들과 섞여 발걸음을 서둘러 옮겨야 할 이유는 1811년 10월 19일 알렉산드르 1세에 의해 개교된 귀족학교 리체이가 궁궐 바로 밖에 위치하고 있기 때문이다. 재능 있는 젊은이들을 고급관료로 양성하기 위해 설립된 제국 알렉산드르 리체이는 혁명 이듬해까지 러시아 상류계급 출신 자제들이 받을 수 있는 최고의 교육을 제공했다. 이 학교 첫 입학생 30명의 명단에 푸슈킨의 이름이 보인다는 데 주목할 일이다. 서둘러 리체이 건물로 들어가는 러시아인의 모습은 영락없는 성지순례객이다.

아름다운 정원이여, 그대 성스러운 어둠 속으로
고개를 숙이고 들어간다.
(푸슈킨, 「차르스코예 셀로의 회상」, 1829)

리체이의 입학생들은 이곳에서 6년에 걸쳐 중고등 교과과정이 통합된 최고의 엘리트 교육을 이수해야 했다. 학생들이 과학교육을 받았던 홀과 도서관, 미술 수업을 했던 방 등도 관심거리지만 1평 남짓한 14호 기숙사 앞은 단연 만원이다. 창 옆의 비스듬한 책상에 잉크를 담는 병과 깃털이 하나 꽂혀 있고 그 뒤로 의자, 3단 옷장 하나와 자그마한 침대 하나, 그리고 간이 세면대가 놓여 있는 것이 전부인 이 작은 방이 1817

년 졸업까지 이 '기적을 만드는 소년' 푸슈킨의 거처였다.

알렉산드르 푸슈킨 기념비.

리체이 졸업 후 외무 관리로 사회생활을 시작한 푸슈킨은 1831년 2월에 모스크바에서 결혼한 후 그해 여름 이곳으로 와 잠시 집필 활동을 하다가 그 가을로 페테르부르크에 정착했고, 그곳에서 최후를 맞았다. 안내인의 입을 통해 나온 시인의 복잡한 인생여정과 그 각각이 러시아인들에게 주는 의미에 대한 장광설까지 여기에 옮길 필요는 없을 듯싶다. 시 한 편만으로도 그가 누구였는지를 더 잘 보여주니까.

거친 광야에서 영혼의 갈증으로 지쳐
갈 곳 몰라 헤매고 있을 때,
여섯 날개의 세라핌 천사
갈림길에 나타나 내 앞을 막아섰다.……
그는 내 입술을 벌려……
내 죄 많은 혀를 뜯어내고,
지혜로운 뱀의 혓바닥을……

내 입 속에 피 묻은 손으로 밀어넣었다.
그리고는 내 가슴을 칼로 갈라놓고
접에 질려 떨고 있는 내 심장을 도려내더니,
벌겋게 달아오른 석탄을
갈가리 발겨진 내 가슴에 집어넣었다.
죽은 송장처럼, 나는 광야에 널브러져 있었다.
그때 신의 목소리가 나에게 들려왔다.
"일어나라 예언자여, 보고 들어라,
그리고 나의 뜻을 전하라.
땅과 바다를 두루 돌아다니며,
인간의 가슴을 말씀으로 불 질러라."(「예언자」, 1826)

학창 시절을 회상한 1929년의 시 「차르스코예 셀로의 회상」
에도 예언자 시인다운 암시가 숨겨진 듯 보인다.

도도하게 서 있는 궁전과 성문, 첨탑과 탑과 신상들
예카테리나 궁전의 독수리가 부르는
놋쇠 찬가와 대리석의 영광이
내 눈앞에 생생하게
지나간 세월의 자랑스러운 흔적으로 펼쳐진다.

오늘 궁전광장과 에르미타주에서, 그리고 이곳 황촌의 궁전
에서 우리가 본 계몽은 무엇이었던가? 서구를 따라잡으려는

후진적인 수집열, 머리끝에서 발끝까지 유럽인이 되어 그들 앞에 당당히 서려는 광적인 열병이 아니었을까. 그런데 이 시를 통해 푸슈킨은 자신의 출현 이전까지 러시아에서 전개된 계몽의 시대가 '자랑스럽지만 지나간 세월의 흔적'이 되었다고 선언한 것이다. 당대의 귀족들이 최고의 유럽인다운 유창한 프랑스어를 구사하면서 앞 다투어 프랑스인 선생과 요리사를 고용하고, 네프스키 밤거리가 무도회로 달려가는 영국산 마차들로 붐비던 시대에 푸슈킨은 진짜 러시아적인 것이 무엇인지를 사람들에게 본격적으로 고민하도록 만들었기 때문이다. 시인의 출현 이후 러시아인의 가슴과 언어로 사고하기가 시작되었다. 그 결과 러시아 문화사에서 푸슈킨과 그의 시대는 '황금시대'의 시작으로 기록되고 있다.

러시아인들과 함께 한 이번 관광은 궁전과 리체이로부터 조금 떨어진 공원의 푸슈킨 기념상에서 끝이 날 모양이다. 1900년에 조각가 바흐가 조성한 것으로 벤치에 오른쪽으로 비스듬히 홀로 기대 앉아 오른손으로 머리를 받친 채 골똘히 생각에 잠긴 시인의 정겨운 모습이 빽빽한 나무들로부터 터져 나오는 연녹색 잎망울과 잘 어울린다. 몇 시간을 동행했던 관광객들은 어른 아이 가릴 것 없이 시인과 함께 했던 자신을 추억으로 남겨보려고 분주하다. "나타샤, 시인의 볼에 뽀뽀해 봐라. 그렇지!" 아빠의 말대로 포즈를 취한 채 금방 사진을 찍고 나온 어린 소녀의 얼굴이 발가스름하다.

전제정에 대항하다 숨지거나 유형을 떠난 1825년 12월 반란 사건의 주역들 중 다수가 푸슈킨의 리체이 동기들이었다. 그 역시 자유에 대한 강한 열망과 압제에 대항하는 강렬한 열망을 숨기지 않았다. 시를 통해 정치범들에 대한 석방을 촉구하는가 하면 과감하게 표트르를 향해 도전적인 질문을 던진다. 왜 이런 곳에 도시를 건설했느냐고.

그 예언자가 유배 후 처음으로 리체이에 돌아와 자신의 기념상과 같은 모습으로 지나간 세월들을 떠올리며 차르스코예셀로 시절의 '그 행복한 날들'을 회상하고 있는데 웬일인지 내 눈앞에는 칼날 같은 한 구절의 시만이 어른거린다.

재난을 예감하며 너를 생각해
이 정원들을 그리곤 했었다. 축복의 땅이여!

시내로 들어가는 버스가 곧 출발한단다.

너와 화해하게 하라

답사에서 돌아오는 길은 피곤하다. 떠날 때의 부풀었던 기대와 설렘은 현장에서 직접 눈으로 보고 듣는 과정을 통과하면서 생겨나는 어설픈 기억과 지식에 자기 자리의 한 귀퉁이를 양보하지만, 아직 다 차지 않은 나머지 빈자리는 육체의 피로가 슬그머니 자리를 잡는 것이다.

빗줄기를 헤치며 출발한 차내에서 깜빡 잠이 든 듯했는데 버스가 서는 바람에 정신을 차렸다. 지하철역 '모스크바'에서 몇 사람이 내리는 모양이다. 푸슈킨의 동상에 입맞춤했던 꼬마 나타샤도 내렸다. 버스가 다시 출발하는데도 오랫동안 작별을 고하는 아이에게 나도 몸을 돌려 한참 손을 흔들었다. 점점 작아지는 소녀의 모습 뒤로 오른팔을 편 커다란 동상 하나가 내 눈에 들어왔다. 1970년에 이곳 모스크바 광장의 중앙에 설치된 레닌의 기념비다.

레닌과 민영환은 거의 동시대 인물이었다. 1861년 한양에서 태어난 민충정공은 1870년생인 레닌이 혁명운동 중에 체포되어 갇혀 있던 기간(1895년 12월에 수도에서 체포된 레닌은 1년 넘게 수감되었다가 3년간의 시베리아 유형을 떠난다.)에 두 차례나 러시아의 수도를 방문했다. 첫 방문 때인 1896년 7월 3일에 충정공은 재판소와 '감옥서'까지 둘러보면서 중죄수를 직접 목격한 적이 있었고, 이듬해 5월에는 아마도 군 감옥을 견학한 듯 관련 기록이 이렇게 되어 있다. "군법이 삼엄하여 ……다만 형벌을 쓰는 데 가장 혹독히 하여 이로써 백성들의 원성을 사서 나라 사람들이 이따금 자유를 주장하고 그 중에는 당을 결성해 정부에 반항하는 자도 있다고 한다."(『사구속초』, 5월 22일)

러시아 수도의 아름다움, 문물과 제도에 대한 강한 호기심과 흠모로 가득한 충정공의 유고에서 혁명운동 조직이 언급된 이 부분은 유난히 도드라져 보였다. 혹시 민영환과 레닌 두 사람이 호기심어린 눈길을 교환했을지도 모른다는 상상도 해본다. 당시 혁명가들이 중죄수 수감소나 군 감옥소에 갇혀 있었다는 점을 감안한다면 터무니없는 이야기만도 아니다.

황혼을 떠난 버스가 다시 네프스키에 사람들을 풀어놓았을 때, 레닌은 여기까지 우리를 쫓아 온 듯 보였다. 그의 얼굴이 그려진 붉은색 깃발 아래서는 비록 규모는 작지만 공산당 지지자들의 열띤 정치토론이 벌어지고 있었다. 두 세대 이상 레닌그라드로 불렸던 그곳은 상허가 처음 입성한 날 감격하여 말했듯이 "노동자들이 사회주의적 노동형태를 창조한, 레닌의 꿈을 실현한, 인류사에 신성 격으로 나타난 노동자들의 도성(都城)"으로 평가받던 도시였다. 하지만 정치 토론장에서 본 한 노인의 모습이 오래 전에 공산주의자에 대한 러시아 아넥도트(풍자)를 내게 들려준 어떤 분의 모습과 닮아 나는 터지는 웃음을 애써 참으며 그 자리를 얼른 빠져나오고 말았다.

법률가, 외과의사, 건축가, 공산주의자 이렇게 네 명이 자기들 중 누구의 직업이 가장 역사가 깊은지 다투고 있었다.

"태초에 신이 아담과 이브를 낙원에서 쫓아냈죠. 이건 분명히 법률행위라구요." 법률가가 입을 열자, 의사가 항변한다.

"아니지, 그 전에 남자의 갈비뼈로 여자를 만들었잖아. 그게 바로 외과 수술이거든!"

"여러분, 그 이전에 하느님이 세상을 건설한 걸 모르시나요? 천지창조 이전에 세상은 혼돈 그 자체였다구요." 건축가의 이 말이 떨어지기가 무섭게 공산주의자가 회심의 미소를 지으며 입을 열었다.

　"좋아요, 동무들. 그럼 혼돈을 만든 건 누굴까요. 바로 우
리 공산주의자들 아니겠어요."

　페테르부르크는 혁명운동에 있어서도 신·구 양시대의 사적
과 문물이 함께 찬연한 도시다. 그 중에서 나는 구시대의 유적
을 찾아가는 중이다. 카잔 성당의 맞은편 그리바예도프 운하
길을 따라 가면 모스크바 크렘린 앞의 바실리 교회를 연상케
하는 예수부활 성당이 아름다운 모습으로 다가온다. 비잔틴
양식이 가미된 길이 57, 높이 81m의 러시아 스타일의 정교회
로 1883년부터 1907년까지 장장 25년의 공사를 거쳐 완성된
건물이다.

　다가가서 살펴보니 건물 전체가 모자이크로 처리되어 고운
자태가 더욱 아름답다. 특히 운하 쪽 외벽에 장식된 그리스도
의 십자가 처형 장면은 작품 자체로서의 완성도뿐 아니라 건
물 전체의 이미지와 잘 맞아떨어진다. 이런 모자이크가 교회
건물 내외부를 통틀어 총 7000㎡나 된다. 특히 내부는 거의
모든 벽과 천장이 모자이크로 처리된 이콘화들로 덮여 있고
그 각각이 당대 최고의 화가들로 손꼽히던 바스네초프, 네스
테로프, 부르벨 등의 작품들이라 하니 가히 교회 전체가 미술
품이라고 할 수 있겠다. 그런데 이 교회는 지금까지도 '스파스
나 크로비', 즉 '피 위의' 성당이라는 이름으로 더 유명하다.
내부에 서 있는 자그마한 흉상의 주인공 알렉산드르 2세가 급

진적 혁명운동 조직인 '인민의 의지' 활동가들이 던진 폭탄에 중상을 입고 피 흘렸던 바로 그 지점에 교회가 건설되었기 때문이다. 알렉산드르 2세가 누구인가? 1861년 2월에 2,000만 명 이상에게 자유를 부여한 농노해방 선언을 공포하고 지방자치제도라 할 수 있는 젬스트보를 도입하였으며, 톨스토이가 작품 『부활』에서 상세히 묘사한 배심원 제도가 포함된 사법개혁을 과감히 승인함으로써 대단히 진보적인 제도를 러시아에 정착시킨 개혁 군주다. 보수적인 태도를 견지하기도 했지만 여전히 '해방자 황제'로 칭송받던 그가 1881년 3월 1일 입헌제도를 도입하는 법안에 서명할 계획으로 자신이 늘 산책하던 길을 따라 환궁하던 길에 혁명 조직에 의해 희생당한 사건은 당시 전 세계적인 충격이었다.

사실, 러시아 반체제 운동에 대해서는 1820년대로 거슬러 올라가 이야기를 시작해야 한다. 푸슈킨의 친구들이 다수 포함되어 있던 1825년 12월 14일의 반란사건이 전제정에 대한 최초의 조직적이고도 전면적인 저항이었기 때문이다. 나폴레옹을 물리치고 유럽의 황제가 된 알렉산드르 1세를 따라 서유럽의 자유로운 사상과 제도를 목도했던 당시의 촉망받던 청년 장교들은 큰 충격 속에 러시아로 돌아온다. 그들은 나라의 개혁을 구상하면서 전제정의 폐해를 시정해야 한다는 데 뜻을 같이하게 되었고, 알렉산드르를 이어 황위를 계승하는 니콜라이 1세의 대관식을 기회로 '청동기사상'이 위치한 원로원 광장에서 일종의 군사 쿠데타를 감행하였으나, 초기에 많은 희생자를 낸 채 진압당하고 말았다.

하지만 반동정치를 노골화했던 니콜라이 1세의 전제정에서도 저항의 불씨는 완전히 사그라들지 않았다. 1830년대 이래 소수의 지식인들과 문학가들은 러시아의 운명에 관한 논쟁의 형식을 빌려 전제정을 계속적으로 비판하고 나섰다. 푸슈킨의 정치적인 시들도 상당한 영향력을 행사했으니 젊은이와 지식인의 상당수가 그의 시를 암송하며 자유사상을 고취하였다. 도스토예프스키가 1849년에 체포되어 사형을 선고받은 원인을 제공한 페트라셰프스키 서클 내의 문학토론도 정치적 성격이 없지 않았다. 당대의 유명한 비평가 벨린스키는 더 노골적인 비판의 목소리를 높이다 요절하였고, 급진적 서구주의자 피사레프, 도브롤류보프, 체르니셰프스키 등이 그 뒤를, 1850년대 후반에는 이들 급진주의자들에게 감동한 대학생들이 직접적인 행동으로 저항에 따라 나섰다.

크리미아전쟁의 패배 이후 등극하여 농노해방을 비롯한 개혁의 야심찬 카드를 빼들었던 알렉산드르 2세의 치세에서도 혁명의 열기는 사그라들지 않았다. 오히려 1870년대에 '브나로드'(인민에게로) 운동이나 직업적인 혁명가들의 출현 등 혁명운동은 더 조직화되는 양상을 띠었는데, 이때 조직된 혁명운동가 그룹의 하나가 바로 '황제 사냥'을 주도한 '인민의 의지'였다.

그 뒤를 이어 인민주의자나 맑스주의자들도 부상했지만 전제정이 어떻게 이들을 탄압했으며 이후 가속화된 혁명운동이

어떻게 러시아 혁명으로까지 발전해 나갔는가는 생략하기로 하자. 그 이야기의 다양한 무대는 페테르부르크에 한정되지 않기 때문이다. 아니 비단 장소만의 문제가 아니다. 직업적 혁명가들의 운동은 이전의 인텔리겐치아들의 저항과는 전혀 다른 신념과 활동을 기반으로 전개되었다고 여겨지기 때문이다. 즉, 19세기 중반까지 전제정에 대한 저항활동을 가능케 한 정신적 원동력은 진정한 해방과 자유에 대한 갈망, 그리고 조국이 마땅히 나아가야 할 바를 아는 자들로서 당연히 발언해야 할 '명예의 의무'에 기초하고 있었다. 그들은 말하고 행동함으로써 당할 수 있는 압제나 손해보다는 지식인으로서의 의무를 행하지 않음으로써 받게 될 양심과 사회의 비판어린 시선을 자기 명예에 대한 심각한 타격으로서 더 두려워했다.

스파스나 크로비 성당 외벽의 모자이크 '십자가에 못 박힘'을 찬찬히 바라본다. 바로 알렉산드르 2세가 중상을 입은 곳이다. 화려한 금빛 배경 앞의 십자가에 못 박힌 채 고통스럽게 죽어가는 모습의 예수가 그대로 튀어나올 것 같다. 모자이크로 된 그림이 아니라 마치 기념비 같다.

왜 십자가의 예수가 묘사된 교회의 이름을 '그리스도 부활'이라 붙여두었을까? 황제를 인류의 죄를 대신한 그리스도에 비유하고 싶어서였을지도 모른다. 전제정이 되살아나 러시아를 해방과 자유로 계속 이끌어주기를 기원하는 이들도 있었으리라. 아니, 황제를 암살한 자들도 용서하자는 의미는 없을까? 그리스도는 아직 숨이 끊어지지 않았고 십자가 위에서의 7언의 마지막 말에 다다르고 있다. "주여 저들을 용서하여주옵소서. 그들이 자기 하는 일을 알지 못함이니이다."

호텔의 자그마한 싱글 룸으로 나는 다시 돌아왔다. 낮에 리체이 기숙사에서 본 푸슈킨의 방을 닮은 것 같다. 전제정의 영광을 추억하면서도 재난을 예감했던 푸슈킨. 그는 진정 예언자였다. 해방자 황제가 제국의 수도에서 피를 흘린 지 37년 후, 퇴위하여 시인이 추억하던 차르스코예 셀로의 정원에서 밭이나 일구며 소일하던 니콜라이 2세는 들이닥친 볼셰비키들에게 가족과 함께 연행되어 시베리아에서의 비극적인 최후를 맞이했던 것이다.

영웅의 도시

 오늘로 답사 셋째 날이다. 화창한 날씨 때문인지 일찍 호텔을 나와 거리로 나서는 몸도 가볍다. 이른 아침의 햇볕을 받아서인지 호텔도 제법 번듯해 보인다. 그때 호텔 건물 위로 햇볕을 받아 시선을 끈 커다란 글씨가 있었다.

 '고로드 게로이(영웅도시): 레닌그라드'

 제2차 세계대전의 '900일 봉쇄'를 이겨낸 이 도시에 민스크, 스탈린그라드(현재의 볼고그라드) 등과 함께 소련 당국이 부여한 별칭이다. 그러고 보니 이 도시는 별명도 많다. 유럽을 향한 창, 북방의 베네치아, 북구의 팔미라, 10월 혁명의 수도, 영웅도시 등등. 별명뿐인가. 300년의 역사 동안 수도급 도시의 공식 명칭이 4개나 되는 곳이 세상에 또 있을까 싶다. 제정의 수도 상트 페테르부르크는 1차 세계대전 발발로 독일과 러시아가 대결하게 되면서 러시아식인 페트로그라드로 개명되었고, 레닌의 사망 후 1924년부터 그를 기념하는 레닌그라드로 되었다가, 소련 해체 직전인 1991년 6월에 시민들의 투표를 거쳐 다시 상트 페테르부르크라는 옛 이름을 되찾았다. 이 도시의 많은 이름과 별칭들은 축적된 다양한 문화의 흔적들이 반영된 풍성한 상징이다.

호텔에 걸린 '영웅도시'라는 선전적인 문구에 유혹을 받은 나는 그 유적을 찾아갈 맘으로 인접한 '봉기광장' 역에서 어제 레닌동상이 서 있었던 모스크바 역까지 지하철을 탔다. 이 도시의 가장 긴 토목건축물인 이 지하철은 또 무엇인가. 전쟁 직후에 재건사업조차 채 끝나지도 않은 1945년부터 수많은 여성들까지 참여하여 건설된 땀의 유적이자, 레닌그라드 시민 정신의 또 다른 상징이다.

불행한 때가 있었다, 아직도 그때가 기억에 생생하다

지하철을 타고 가다보면 페테르부르크가 애초 강 하구의 섬들에 건설된 도시라는 사실을 잊게 된다. 강 아래를 지하철이 달리고, 원래의 섬들을 구분해주었던 물길들은 운하로 정비되어 수많은 다리로 자연스레 연결되어 있는 연고다. 악조건 속에서 최상을 이끌어낸 고상한 지성의 성취라고 평가하지 않을 수 없다. '모스크바가 러시아의 심장이라면 페테르부르크는 머리'라는 말은 이 도시의 이성적이고 서구적이며, 혁신적인 모습들을 반영하고 있다.

하지만 전통적인 러시아는 극도의 합리성에 고운 시선을 보내지 않았다. 종교적이며 전통에 집착하는 모습은 타국인들이 러시아인을 바라보는 보편적 이미지에 더 가깝다. 그런 의미에서 '머리, 이성'으로 상징되는 페테르부르크적 혁신에는 늘 비인간적이라는 냉소가 따라다녔다. 북쪽의 수도는 새로운 정신적 이상이긴 하지만 서구적인 교육을 받은 당대의 유명한 문학가들에게조차 러시아적 정신과는 배치되는 듯 여겨졌다. 당시 사회제도의 비판에 과감했던 시인 네크라소프는 '모스크바와 페테르부르크의 우정어린 교신(交信)'이라는 부제가 붙은 시 「모스크바의 편지」(1859)에서 이렇게 말한다.

오늘까지도 그 도시에선 영 러시아 냄새가 나지 않아
러시아말과 독일말을 섞어 쓰지 않나……
성스러운 것은 하나도 없고 오직 공리주의가 판치는 곳!
그러나 나의 친구여! 허세뿐인 그 도시를 저주하네.
통곡하며 저주하네……진보고 뭐고 달갑지 않아,
모스크바가 희망으로 활활 타오르고 있을 때
페테르부르크는 여전히 타락과 방종에 잠겨
서투른 시 조각이나 끄적이고 있다네!

고골리에게도 수도는 죽은 자들의 왕국이었다. 뇌물이나 밝히는 관료의 천국일 뿐 조국의 충실한 일꾼인 하급 관료나 일반 시민에게는 냉혹한 동토의 땅이었다.

뿐만 아니라 잦은 강의 범람과 홍수는 도시로 대표되는 인간 이성의 힘이 얼마나 무력한지를 전 시민이 체득하기에 충분한 위력을 가지고 있었다. 물론 홍수의 직접적 원인이 비보다는 역풍이라는 것을 그들도 모르는 바는 아니었다. 큰 홍수는 주로 가을에 도시를 덮쳤는데, 일단 초가을에 쏟아진 비로 수위가 올라간 라도가 호수의 물이 네바로 밀려 내려올 때 바다 쪽에서 생겨난 강한 역풍을 만나게 되면 물이 바다로 빠져나가지 못하고 역류하면서 도시를 위협하게 된다.

단번에 도시 자체가 사라질 수도 있다는 공포는 모두의 잠재의식에 자리했고 세찬 비바람이 불 때마다 사람들은 아틀란티스의 운명을 떠올렸다. 돌로 만들어진 화려한 문명과 이성이 순식간에 물에 잠기고 그 영광도 함께 사라져버렸다는 불길한 이야기. 발틱 해 연안에 발달한 찬란한 영광의 문명이 침몰할 날이 올지도 모른다는 두려움은 이 도시에 대한 시민들의 자부심에 늘 붙어 다니는 그림자였다.

따라서 도시에 들이닥친 모든 재앙이 홍수로 비유된 것은 아주 자연스러운 일이었다. 가족, 돈, 명예, 영광을 가차 없이 쓸어갈 수 있는 모든 힘에 대해 사람들은 과도히 흥분하면서 의심의 눈초리를 던졌다. 개인들조차 혹시 격랑과 휘몰아치는 바람의 한가운데 놓이게 되었음을 실감한 순간이면 자신의 모든 것을 걸고 다가오는 파국에 반항하곤 했다. 푸슈킨의 시

73

「청동기사」의 예브게니, 소설 『스페이드 여왕』의 게르만은 그러한 인물들의 전형으로서 페테르부르크적 인간형을 대표하였다. 그들의 이야기는 그림과 음악으로, 오페라나 연극으로 각색되고 재탄생되어 도시에 대한 다양한 신화로 굳어졌다.

돌연 강물은 격노한 짐승처럼 도시를 덮쳤다

20세기에 페테르부르크는 정말로 곧 아틀란티스가 될 것처럼 보였다. 1905년 피의 일요일 사건으로 울렁이기 시작한 혁명의 물결은 1차 세계대전의 패배 및 도시의 경제적 궁핍이라는 바람을 만나면서 1917년 2월 혁명이라는 홍수가 되어 이 도시를 덮쳤다. 황제가 퇴위하고 케렌스키의 임시정부와 노동자-병사 소비에트가 잠시 대치하다가 임시정부가 타도됨으로써 소비에트 정권이 그 해 10월 25일에 출범했다. 이것이 20세기 세계사를 연 러시아 혁명이다.

영광스러웠던 도시는 서서히 가라앉았다. 혁명 이후 서둘러 평화를 얻고자 독일과 강화 교섭에 나선 소비에트 정권이 백러시아와 발트국가들을 포기하는 조약에 서명한 결과 페트로그라드는 불안정한 국경도시로 전락했다. 새로운 정권은 안전을 명목으로 1918년 3월 12일에 모스크바로 수도를 이전하기로 결정한다. 엎친 데 덮친 격이라고나 할까. 영광이 떠난 도시에 '내전'(1918~1920년)의 파도가 다시 덮쳤다. 이 시기의 도시 인구는 72만 명으로 혁명 전의 1/3 수준으로 격감했다.

한때 페트로그라드 소비에트 의장 지노비예프는 이 도시의 이름을 레닌그라드로 바꾸자고 주장하여 자신의 정치적 기반을 강화하고자 노력했다. 그의 주장은 1924년 1월 레닌의 사망 이후에 결국 실현되었지만, 우연의 일치인지 그해 9월 레닌그라드 역사의 첫 해는 1824년 이래 100년 만에 찾아온 가장 큰 홍수(수위 3.8m)의 고통으로 얼룩지고 말았다. 도시 발전 역시 중앙정부의 의지와 지원에 크게 종속되었다. 획일적이고 몰개성적인 소비에트식 건물들이 들어서기 시작했으며, 그나마 개발 순위에서 늘 모스크바 다음의 자리로 밀려났다.

그럼에도 불구하고 레닌그라드는 '북쪽의 수도'로서 소련을 대표하는 문화, 학문, 예술 도시의 명성을 지키려 애썼다. 획일적인 소련식 주거용 건물들과 산업시설들은 도시 외곽에 자리 잡아 제정의 건축 유산들을 손상 없이 유지시킬 수 있었고, 황궁은 세계적인 박물관 에르미타주로, 제정기의 귀족회관은 레닌그라드 필하모닉의 전용 음악회장으로 대중에게 공개되었다. 1938년 소련 최초의 텔레비전 방송파를 발사한 곳도 레닌그라드였다.

그러자 전 소비에트 인민의 당은 '스트라빈스키와 블록, 안나 파블로브나, 샬리아핀과 디아길레프의 시대'를 소비에트적 현실과 무관한 '과거의 사치'로 규정하면서 앞으로 소비에트 예술에 있어서 모스크바적, 페테르부르크적이라는 식의 구분은 있을 수 없다고 공식 선언했다. 별처럼 빛나는 19세기 말 20세기 초의 은시대 문화를 '치욕적이고 열등한 부르주아적'

활동으로 치부함으로써 스탈린 정권은 도시의 문화적 자존심의 싹을 자르고자 했던 것이다. 옛 수도에 대한 당국의 적대적인 태도는 예술이나 미적 감각만이 아니라 정치문제이기도 했다. 특히 이곳 소비에트 의장 출신인 트로츠키와 오랫동안 대립했던 스탈린의 페트로그라드에 대한 불신은 자주 극단으로 치달았다. 코카서스 지방 출신인 스탈린의 눈에 비친 레닌그라드는 문화·정치적으로 친서구적이며 코스모폴리탄적인 성향을 갖는 도시이자 자신의 정적들을 지속적으로 배출시키는 '반동 도시'였다.

1934년 12월 1일, 레닌그라드 공산당 제1서기인 세르게이 키로프가 살해되었다. 당시 소련 공산당 내에서 대단한 인기가 있었던 시 당대표의 죽음은 스탈린의 직접적인 명령에 의한 것으로 여겨지고 있다. 하지만 그는 장례식에 달려와 눈물을 흘리며 '레닌의 총애를 받던 나의 친구'에 대한 테러의 신속한 조사를 명령함으로써 유명한 스탈린식 공포정치의 포문을 열었다. 키로프 장례식장에 스탈린과 함께 나타났던 지노비예프와 카메네프가 곧 체포되어 재판에 회부되더니 이듬해 사형을 선고받고 총살되었다. '레닌그라드 재판' 사건은 이 도시가 공식적으로 스탈린의 정치적 블랙리스트에 올랐음을 시사했다.

가차없는 운명의 폭풍 속에서
화려한 나의 월계관 시들었다.

나 고독과 슬픔 속에서 기다리니
종말이 곧 찾아오려나?
찬 서리에 놀란 헐벗은 가지 끝의 마지막 잎새
울부짖는 겨울바람 소리에 파르르 떨고 있구나.

(푸슈킨, 「나의 열망은 사라지고」, 1821)

강물은 섬들을 침몰시켰다, 포위! 공격!

'승리의 광장', 드디어 목적지에 도착했다. 중앙에 레닌그라드 방어영웅기념관이 있다. 지표면 높이로 128m 길이의 대리석으로 된 '봉쇄의 원'이, 그 앞에 48m 높이로 우뚝 솟은 오벨리스크를 뒤로 한 영웅들의 조각이 자리하고 있다. 먼저 망치 든 노동자와 총 든 병사 두 사람이 보이고 그 앞으로 노동자들, 육·해·공군, 그리고 주물을 부어 포탄을 만드는 사람들 등의 다양한 군상이 위치해 있다. 한편 '봉쇄의 원'의 안쪽에

레닌그라드 방어영웅
기념관(1975).

는 대리석 벽면을 빙 돌아가며 횃불을 연상케 하는 영원의 불이 계속해서 타오르며 중앙에 서 있는 희생자들의 처참한 모습을 형상화한 조각을 비춘다. 희생을 이기고 궁극적 승리를 향해 걸어 나오는 전체적 이미지를 보여주고 있는 것이다.

'스탈린과 히틀러의 전쟁!' 혹자는 제2차 세계대전을 이렇게 부른다. 1941년 6월 22일 개전 이래 4년 동안 소련인 희생자만 약 2,700만 명에 달했고, 같은 기간 독일군 희생자의 80%가 독소전쟁에서 발생했다는 수치가 이를 뒷받침한다. 사실 스탈린과 당 지도부는 개전 초기에 혼란과 무능으로 우왕좌왕하기만 했지 독일군의 파상적인 공세와 수많은 민간인 희생자 앞에서 이렇다 할 대응조차 보여주지 못했다. 히틀러의 군대는 독소전 초기에 심리적인 우위를 확보할 계획으로 전략경제적으로 중요한 소련 제2의 도시를 우선적인 표적으로 삼았다. 개전 이틀째 날 새벽부터 레닌그라드에 대한 폭격을 시작했던 독일군은 그해 9월에 이곳 기념관 바로 앞의 풀코보 구릉지역까지 밀고 들어와 도시로 들어오는 모든 육상로를 차단했고, 이어 11월에는 라도가 호수를 통한 해상 보급로까지 막음으로써 도시의 항복을 받아내려 했던 것이다. 300만 명의 시민을 볼모로 한 이 전쟁에서 소련의 대원수 스탈린의 명령은 '무조건적인 사수' 이 한마디였다.

이후 전투와 기아 속에 이 도시에서만 독일의 런던 대공습 사망자 수의 13배에 육박하는 65만 명 이상이 죽어나갔다. 1년이 지나자 도시인구는 60만까지 줄어들고 도시의 옛 유산은

파괴되어 그 미래는 뿌리째 뽑힌 듯 보였다. 혹자는 이러한 일련의 결과를 두고 뾰족한 대책이 없었던 스탈린의 '레닌그라드 죽이기 작전'이었다고 해석하기도 한다.

'봉쇄의 원' 아래에는 당시의 전황과 생활상을 보여주는 박물관이 위치하고 있다. 이태준은 레닌그라드 방문 첫날 당시 시내에 위치하고 있었던 '레닌그라드 방위전기념관'으로 가장 먼저 달려갔다. "독군의 완강한 포위를 끝끝내 물리쳐낸 처절참절한 주변의 제일전선과 후방시민들의 기아와 공습과 싸워온 끔찍끔찍한 자료들이 산적해 있었다. 그때 실사를 영화로 보여주는 방까지 있는데 시민들이 부어서 얼굴들이 부은 것, 굶어죽은 사람들의 쓸쓸한 장송이 열을 이루어 나가는 것, 한 집에서는 아홉 식구가 굶어죽는데 기중 오래 견딘 끝엣딸이, '오늘은 아버지가 돌아가셨다, 오늘은 큰언니가 죽었다.' 이렇게 애끓는 일기도 실물이 진열되어 있었다." (『소련기행』)

그 처절함을 버틴 힘은 어디서 나왔을까? 개전 당시 레닌그라드 당지도자였던 즈다노프의 호소는 스탈린의 명령보다 큰 호소력을 지녔다. 그는 전쟁을 홍수에 비유했다. "적이 레닌그라드를 덮치려 합니다. 그들은 우리의 가정을 파괴하고 인민의 재산을 강탈하며, 거리와 광장들을 죄 없는 희생자들의 피로 휩쓸어버리고자 원하고 있으며, 고향의 자유로운 아들들을 노예로 만들려 합니다." (8월 21일의 대시민 호소문) "우리 자식들의 피와 눈물을 위해 싸우자!" 이로써 레닌그라드 시민들의 자존심을 건 '대조국 전쟁'이 본격적으로 시작되었다.

장엄한 신전처럼 꾸며진 전시실에서 내 눈은 먼저 전황보고서 동판으로 끌렸다. 시 군사위원회의 공식 기록들인데 매일 4년간 그날에 있었던 기록들을 비교하며 볼 수 있도록 전시되어 있다. 기록영화에서는 쏟아지는 폭탄보다 1942년 겨울 혹한에 길 가던 사람들이 노상에서 그대로 쓰러지는 모습, 그리고 식수를 얻기 위해 네바 강의 그 두꺼운 얼음을 깨고 물 긷는 아낙네들의 맥 빠진 창백한 얼굴이 전쟁의 무서움을 더욱 실감케 했다. "이 레닌그라드 시민들은 독군의 폭탄보다도 무형의 기아내습이 더 무서웠다 한다. 그러나 이들은 29개월, 나이 두 살 반을 먹는 동안이나 굶주림 속에서 끝끝내 결정적 입성으로 알고 있던 독군을 물리쳐내었다. 이것은 이들의 무력도 무력이려니와 성격의 힘이 컸던 것을 느끼지 않을 수 없었다."(『소련기행』) 이들 전시물을 본 나 역시 상허 선생의 견해에 동의하지 않을 수 없었다. 승리에는 도시민의 '성격의 힘'이 절대적이었다.

진열장 유리로 눈을 돌리니 마른 흑빵 조각과 어린아이의 큰 글씨로 채워진 공책이 보였다. 담뱃갑 반만한 빵 조각은 봉쇄 기간 중 일반 시민에게 배급된 하루 분 식량 125그램의 실물일 것이다. 상허가 언급한 공책의 주인공은 타냐 사비체바인데 당시 11세 소녀였던 타냐와 같은 어린이와 노동력이 없는 노인이 이 빵 한 조각으로 매일을 버텨야 했다.

'1941년 12월 28일 12시 30분 제냐 죽음', '1942년 1월 25일 할머니가 죽었다.', '5월 10일 료샤 삼촌 죽음', '5월

13일 7시 30분 엄마가 죽었다.', '사비체프 집안의 사람들이 죽었다.', '모두 죽고', '타냐 혼자 남았다.' 모두 9장으로 이루어진 소녀의 일기는 7명 가족의 죽음의 기록이다. 아니 정확히는 8명이다. 타냐 자신도 영양실조로 끝내 사망하고 말았으니까.

그 옆에 총알이 박힌 스피커와 음악회 포스터 및 입장표, 악보와 줄 끊어진 바이올린 등도 보인다. "때론 폭탄이 음악회장 바로 밖에서 터지기도 했지만, 사람들은 꿈쩍도 하지 않았어. 죽더라도 다 같이 죽는다 생각하니 오히려 안심이 되었지." 70세는 족히 넘어 보이는 할머니의 회상의 실타래가 손자 앞에서 풀리는 소리였다. "정말 음악회가 매일 밤 열렸어요?" 손자가 묻는다. "그럼, 어떤 날은 에르미타주와 필하르모니아에서 동시에 음악회가 열려 어디로 가야 할지 망설인 적도 있었단다. 어린 나는 낮 동안 공공 도서관에서 책을 읽다가 저녁에 필하르모니아로 향하곤 했지. 집에는 먹을 것도, 할 일도 없었고, 폭탄으로 위험하기까지 했거든. 돌아가신 네 할아버지를 만난 것도 음악회장에서야. 그때 네 할아버지는 15세 된 소년이었는데 군에서 받아주지를 않자 탱크를 만들던 키로프 공장으로 달려갔고, 일하던 기름 묻은 시커먼 손 그대로 먼 길을 걸어서 가끔 음악회장에 나오곤 하셨지." 이 순간 할머니는 손자에게 최고의 역사교사다.

할머니의 이야기는 거짓이 아니었다. 기념관에서 나온 나는 곧장 네프스키에 위치한 공공도서관과 필하르모니아 음악회장에 들렀던 것이다. 도서관 복도에는 1795년 설립 이래의 역사가 사진과 문서자료들로 전시되어 있었다. 그 사진들 중 하나는 전쟁 때 계단을 가득 메우고 앉아 책을 읽는 휴가병, 소녀들과 중년 이상의 사람들, 그리고 학자로 보이는 얼굴들을 보여주었다.

도서관의 귀중본들은 개전 직후 안전한 곳으로 일단 소개되었으나 채 옮기지 못한 책을 대상으로 사서들이 관리와 도서관 이용 업무를 평상시처럼 진행했고, 덕분에 많은 책들이 보존될 수 있었다.

필하르모니아에서는 봉쇄기념관에서 본 포스터를 배경으로 한 채 티켓을 사는 장면의 사진이 눈에 띠었다. '심포니 7번'이라 쓰인 글자가 보이고 한 여인이 눈 위에 사과상자 같은 것을 놓고 파는 표를 병사가 사는 장면이다. 그러고 보니 아까 입구에 붙은 5월 공연 안내 포스터에서 본 곡명이다. 5월 9일 전승기념일의 단골 레퍼토리였던 쇼스타코비치의 7번 교향곡을 올해는 작곡가의 아들인 막심이 지휘했다고 되어 있다.

"나는 교향곡 7번의 작곡을 포위된 레닌그라드에서 시작했다. 나는 러시아 민중들의 삶에 귀를 기울이고 그들의 투쟁을 보았다. 나의 꿈은 가까운 미래에 이 작품을 창작하도록 영감을 준 내 고향 레닌그라드에서 이 곡을 듣는 것이다." 이렇게 작곡자가 공연 팸플릿에 남긴 희망은 곧 현실이 되었다. 안내인의 이야기를 들으니 당시의 시민들은 일명 '전쟁 교향곡이라고도 불린 쇼스타코비치의 7번 교향곡이 레닌그라드에서 초연되었던 1942년 8월의 한 날을 봉쇄 기간 중 최고의 순간으로 기억했다고 한다.

"3일 전부터 라디오 방송이 7번 교향곡의 초연을 전 도시에 알렸어요. 독일군도 물론 이 사실을 알고 있었고요. 밤새도록 일꾼들과 군인들이 전 도시의 주요한 지점에 목숨을 걸고 스피커들을 연결했지요. 그날 음악회장에는 군장성들과 주요 정치인사들이 모두 참석해 눈물을 흘리며 연주를 들었습니다. 그때 우리 모두는 레닌그라드를 구원할 빛이 다시 살아나 우리를 비추고 있음을 확신할 수 있었어요."

1937년부터 자신이 졸업한 음악원의 교수로 재직했던 쇼스타코비치는 1941년에 전쟁이 발발하자 방공포대원으로, 소방대원으로 전쟁의 현장을 발로 뛰어다녔다. 이때 참호 속에서 대공포를 앞에 놓고 교향곡 7번이 씌어지기 시작했다. 이 같은 사실과 함께 초연된 교향곡은 포위된 시민들에 대해서는 더할 수 없는 위로이자 나치즘에 대한 시민적 저항을 담은 상징적 폭탄이 되리라 여겨졌다. 그리하여 당과 군은 군사작전의 일환으로서 7번 교향곡 「레닌그라드」의 초연을 지원했던 것이다. 과연 8월 9일 전 도시에 설치된 라디오 스피커를 통해 연주가 중계되었을 때 이를 들은 독일군은 엄청난 공포를 느꼈다고 한다. 칼잔트부르크는 이 곡을 '심장의 피로 씌어진 것'이라 표현하기도 했다. 방위기념관에서 본 총 맞은 스피커는 간담이 서늘해진 독일군의 짓이었다.

무서운 자연의 위력도 네 앞에 굴복하리라

교향곡 「레닌그라드」는 작곡자에게 1942년 스탈린상을 안겨주었다. 인민의 애국심과 소련의 자긍심을 높이는 데 기여했다는 것이 수상의 이유였다. 하지만 작곡가 자신은 이를 '진혼곡이라고 못박았다. 소련 찬가 혹은 혁명 만세를 노래한 것이 아니라는 의미였다.

물론 '레닌그라드'라는 수식어를 전쟁과는 무관한 표제, 즉 창작자의 생각을 표현한 상징으로 이해할 수도 있다. 하지만 '진혼곡과 '레닌그라드'를 연결해보면 쇼스타코비치의 말을 그리 가볍게 이해할 수는 없을 것이다. 특히 작곡자 자신의 생애와 당시 도시의 처지를 연결할 때 더욱 그렇다.

1906년생인 작곡가는 제1차 세계대전기의 혼란과 혁명과 내전을 경험하며 성장했다. 하지만 옛 음악가들로부터 양분을 공급받은 그의 자질은 이미 19세 때의 졸업 작품인 교향곡 1번을 통해 세계 음악계로부터 '현대의 모차르트', '소련이 낳은 최초의 천재'라는 칭송을 들었을 만큼 두드러졌다. 약관 22세에 그가 첫 오페라로 선보인 작품은 고골리의 소설에 기초해 작곡된 「코」였다. 허위와 위선을 풍자한 곡이다. 이어 28세 때인 1934년에 역시 풍자적 오페라 작품 「므첸스크의 맥베드 부인」을 발표해 국내외의 찬사를 받았다.

그러나 1936년에 이 천재음악가는 '맥베드 부인'에 대한 스탈린의 비판적 시선으로 인해 '음악이 아니라 혼돈'이라는 당의 공식 비판에 직면했다. 레닌그라드 정치계와 문화계에 대한 대숙청의 파고가 그에게까지 밀어닥친 것이었다. 전 도시를 휘몰아친 저주어린 정치적 홍수의 고난을 격심한 고통과 더불어 몸소 경험하면서 작곡가의 전반적인 창작활동도 극도의 침체 속으로 빠져들었다. 1941년에 그는 자신의 도시가 나치즘에 의해 자행된 대테러의 파고에 휩쓸려갈 위기를 맞고 있음을 목도하게 되었다. 이때 그에게 있어 '레닌그라드'는 나치의 자존심을 꺾어줄 '스탈린그라드'가 아니었다. 포위된 레닌그라드는 스탈린에 의해 이미 철저히 파괴된 고아와 같았고, 그나마 히틀러의 최후 타격에 마지막 호흡마저 꺼져가는 중이었다. 따라서 작곡자는 7번 '진혼곡'을 통해 자신과 짓밟힌 도시를 애도하는 울음을 터뜨린 것이었다.

온 도시가 함께 통곡하며 죽은 자들과 절망의 도시를, 사형언도를 받은 문화를 애도했다. 그런데 그 눈물이 절망의 가슴으로부터 두려움과 패배감을 닦아내고 용기와 생명을 부여했다. 메마른 땅에 퍼붓는 생수가 도시민들에게 긍지와 자존심을 소생시켰다. 결연히 일어선 이 도시는 음악을 연주하고 시를 읽으며, 폭격으로 깨진 에르미타주 궁의 유리와 파편들을 제거하며 이후 17개월의 봉쇄를 버텨냈다.

기약 없는 900일의 봉쇄를 이겨낸 시민들의 영웅적인 힘은 어디에서 나왔을까? 각자에게 부여된 고통의 분량을 남에게 전가하지 않고 버텨내는 자존심으로부터가 아니었을까 생각해본다. 도시민의 인내는 이전의 역사를 통해 훈련되고 개인의 삶 속에서 연습되었다. 도시 건설 자체부터가 인내의 결실이며, 이 도시에서 삶을 영위하는 것 자체가 인내가 없이는 불가능하다. 하지만 어떻게 인내를 억지로 요구할 수 있으랴. 자신의 판단과 의지에 대한 확신과 자긍심이 없다면 끊임없는 고난을 참아낼 수가 없다. 전쟁 중에 발휘된 시민적 자존심의 한 예를 상허는 『소련기행』에서 이렇게 전한다. "야음을 이용하는 「라도가」 호의 실낱같은 식량선으로도 정부로부터는 '학자와 예술가들의 식량이란 것이 따로 전달되었고, 하루 120그램의 배급빵을 가지고도 이를 먹지 않고, '치스타코위치'라는 작곡가의 방전체험(防戰體驗)의 작품, 그의 제7번 연주회에 들어가려 입장권과 바꾼 사람이 있다는 미담도 있었다."

자존심으로 똘똘 뭉친 시민들의 저력은 전쟁 이후 처참한 도시를 되살려내는 일에서도 위력을 발휘했다. 전 시민의 동참 아래 진행된 전후의 피해복구와 건설작업은 50% 이상의 노동력을 여성들에게 의존하고 있었음에도 불구하고 몇 년이 지나지 않아 옛 제국의 영광스런 모습을 고스란히 복원해내는 데 성공하였다. 1958년 레닌그라드 시가 수리 복원과 관련해 수상한 유럽 건축대상은 도시민의 노력과 성취에 대한 국제적 인정이었다. 그리고 1990년에 이 도시의 구시가는 유네스코가 지정한 세계문화유산으로 등재되었다. 그 다음해에는 마침내 페테르부르크가 다시 살아났다. 절대 다수 시민의 찬성으로 옛 이름을 되찾기로 결정한 것이다.

빛나라, 표트르의 도시여.
러시아처럼 굳세게 서 있어라.
그리하면 무서운 자연의 위력도 네 앞에 굴복하리라.
핀란드의 파도로 하여금
지난날의 원한과 굴욕을 잊게 하라.(「청동기사」)

마지막 영웅

다시 지하철로 향하는 내 마음은 바쁘다. 영웅도시에서 꼭
찾아보아야 할 젊은 영웅이 있어서다. 또 한 사람의 페테르부
르크인인 그는 이미 20대에 1,500만 명의 관람객을 불러 모은
영화의 주연이자 음악인으로 전 세계적인 추종자들을 거느렸
을 뿐 아니라 4개국 도시의 거리에 자신의 이름을 새긴 대단
한 인물이다. 시인이기도 했던 그는 1990년에 모스크바 올림
픽 주경기장에서 이미 세계적으로 유명해진 자신의 작품을 록
음악에 실어 열광하는 10만의 인파와 함께 외쳤다.

우리의 가슴은 변화를 요구한다.
우리의 눈은 변화를 요구한다.
우리의 웃음에, 우리의 눈물에,
그리고 우리의 맥박에 변화!
우리는 변화를 기다린다.

(빅토르 최의 노래, 「변화」)

플로샤지 무제스트바에서 내려 레닌그라드 900일 봉쇄의 희생자들이 잠들어 있는 피스카레프스키 기념묘지로 가는 길에서 나는 그의 추종자들로 보이는 젊은이들을 만났다. 그들은 목적지까지 가는 길을 묻는 내 얼굴을 빤히 쳐다보더니 "한국 사람입니까?"라고 묻는다. 그들의 말을 알아들은 나는 고개를 끄덕인다. 저들이 신처럼 여기는 시인이자 기타리스트요, 영화배우이자 가수인 그 예술가 역시 한국인의 피와 성을 가지고 있는 것이다. 그들은 반가운 얼굴을 하면서 직접 나를 인도하겠다고 나섰다. 덕분에 나는 저들과 함께 우리의 영웅에게로 직행할 수 있었다. 그는 보고슬랍스카야 묘지의 잘 정비된 대리석 원형 기단의 검은 기둥과 그 위의 반달 모양으로 생긴 청동 기념비 아래 누워 있었다. 여위고 반항적인 젊은 한국인의 얼굴을 지녔던 고인의 묘지 주변에는 많은 꽃과 그를 추모하는 물건들이 놓여 있다. 'Витя Цой—последный герои: 마지막 영웅—빅토르 최!' 나를 인도했던 젊은 친구가 이렇게 입을 열자 다른 젊은이들이 비장하게 그의 노래를 부른다.

> 밤은 짧고 목표는 멀다. 밤이면 갈증은 더 일어나지.
> 부엌에 나가 물을 마시지만 한없이 쓰기만 할 뿐.
> 마지막 영웅 안녕, 너의 친구들도 안녕.
> 너는 홀로 있고자 원하지만 그건 불가능한 일이지.
> (빅토르 최의 노래, 「마지막 영웅」)

빅토르는 1962년 6월에 최동렬 씨의 아들로 카자흐스탄 크즐오르다에서 태어난 한인 3세다. 다섯 살 때 가족이 레닌그라드로 이주했는데 "내가 사랑한 것은 레닌그라드의 달과 별, 나는 모스크바를 싫어한다."고 말할 정도로 이 도시를 사랑했다. 어려서 그림에 재능을 보여 미술학교에 입학한 그였지만 음악활동으로 학업을 다 마치지 못하고 일찍 거리로 나섰다.

20세가 되던 해에 그는 그룹 '키노'를 결성하고 15세부터 시작한 시작(詩作)과 음반 발표 등의 활동을 본격적으로 시작했다. 하지만 가난한 미장공으로, 공장 보일러실의 화부로 생계를 꾸려나가야 했던 천재 예술가의 미래는 암울했다. 아직 그는 자신의 두 번째 앨범에 실린 첫 히트곡명처럼 '유명하지 않은 노래들'을 부르는 '마지막 영웅'일 뿐이었다.

하지만 불타는 빅토르의 창작열과 예술혼은 결국 승리를 거두었다. 1986년 6번째 앨범 『밤』이 발매 몇 달 만에 200만 장이나 팔려나갔다. 이후 빅토르 최는 1988년에 개봉하게 되는 누그마노프 감독의 영화 「이글라」(바늘이란 뜻으로 영화에서는 마약을 놓는 주사바늘을 의미)에 출연했고, 이 과정에서 영화의 배경음악을 위해 준비한 일곱 번째 앨범이 '빅토르 최와 그의 키노'에게 두 번째 밀리언셀러를 안겨주었다. 이 영화에서 철길을 걸으며 노래 「혈액형」을 부르는, 소련 영화 최고 장면의 하나를 연출했던 빅토르는 1988년 오뎃사 영화제의 최우수 배우로 선정되었으며 영화는 1989년까지 1,500만 명 이상의 관객을 동원했다.

소련 전역에서 그의 배지를 달고, 모일 때마다 '혈액형'을 부르는 젊은이의 수가 100만을 넘어섰다. 젊은이에 대한 그의 영향력을 주목했던 고르바초프는 직접 빅토르와 그룹 키노를 만나 "동지들, 인민과 페레스트로이카를 위해 당신들의 힘이 필요하오, 함께 일합시다!"라고 제안했다 한다.

이미 이때 빅토르는 개인이 아닌 소련 젊은이의 요구를 상징하는 인물이 되어 있었다. 노래 「변화」가 빅토르에게 '페레스트로이카의 전령사', '저항과 자유의 음유시인'이란 별칭을 부여했던 것이다. 스스로도 자신에게 부여된 별칭들이 얼마나 위험한 상징성을 내포하고 있는지 잘 인식하고 있었던 모양이다. 1990년 모스크바 올림픽 주경기장에서의 전례 없는 음악 공연 훨씬 전부터 "우리는 먼저 익은 열매다. 죽음의 신은 우리를 먼저 덮칠 것이다."는 말을 했다고 전한다.

그로부터 두 달 후, 서울에서의 공연 초청을 받고 흥분된 기분으로 리가에서 뮤직비디오를 준비하던 빅토르는 8월 15일에 호텔로 돌아오던 중 대형버스와 충돌하는 사고로 28세의 짧은 인생을 마감하였다. 보수파가 개입된 암살이라는 설이 퍼지는 가운데 5명의 여인이 곧바로 그를 따라 자살했고 흥분한 팬들의 성화로 장례식이 연기되는 사태까지 벌어졌다.

모스크바 아르바트 거리를 비롯해 소련 여러 도시에 그를 추모하는 '빅토르의 제단'이 설치되었다. 이어 '빅토르 초이'라는 거리 이름이 러시아의 카잔, 우크라이나의 키예프, 우즈베키스탄의 타슈켄트, 그리고 카자흐스탄의 알마아타에 생겨났다. 1993년에는 모스크바 콘서트홀 스타의 광장에 소련의 영원한 인민가수 비소츠키 다음으로 그의 이름이 헌액되었다.

총 열 장의 앨범과 네 편의 영화로 세계적인 전설이 된 한인 3세 예술가, 빅토르 최! 젊은 친구들과 헤어져 지하철로 걸어오면서 그와의 만남을 되새겨보았다. 그는 우리가 일반적으로 상상하는 영웅의 이미지를 갖고 있지 않다. 극동에서 중앙아시아로 쫓겨 온 소수민족의 아들로 태어난 그의 모습에서는 오히려 우리 민족의 아픈 역사가 느껴진다. 가냘픈 큰 키와 그늘진 얼굴의 우울한 목소리를 가진 동양인 청년은 정치력, 경제력, 학력 중 어느 하나도 가져보지 못했다. 러시아 여인 마리안나와의 결혼조차 신부 측 부모의 허락을 얻지 못해 동거로 시작되었고 생활고 속에 아들 샤샤가 태어났다.

대성공을 거두었다는 빅토르의 펑크 록 음악조차 처음 들으면 단조로운 리듬과 감동을 주지 못하는 음률에 가사만 반복되는 듯 느껴진다. 하지만 역설적이게도 호소력 짙은 그의 시는 가사를 중시하는 펑크 록과 만나면서 훨씬 더 큰 파괴력을 갖는 데 성공했다. 가냘픈 온 몸으로 소리를 뽑아내는 듯 보였던 이 동양인 리더의 갑작스런 사망 이후 그룹 키노는 곧 해체되고 말았다. 말 그대로 '빅토르 최와 그의 키노'였던 것이다. 날카로운 노랫말에 담긴 자유와 저항이 청년들의 가슴을 영원히 자극한다. 오늘 밤에도 '마지막 영웅'을 흠모하는 교도들이 생겨나고 통곡의 벽들에 모여들 것이다. 그들이 빅토르가 남긴 다음과 같은 말도 가슴에 깊이 새기기를 기원한다. "오늘 나는 자유를 위해, 모든 것을 희생할 수 있다."

떠나며: 빛나라 표트르의 도시여

오후 4시가 가까운 시간에 나는 핀란드 역에 와 있다. 약 30분 후면 '시벨리우스 호'로 이 도시를 떠나야 하는 것이다. 아직 소개하지 못한 중요한 곳이 많다. 도스토예프스키와 차이코프스키가 누워 있는 네프스키 수도원의 네크로폴 묘지, 레닌의 혁명본부 스몰리니 여학교, 러시아 최초의 공공도서관, 몽펠랑의 또다른 역작 이삭 성당, 멘델레프의 실험실이 있는 페테르부르크 대학 본관, 인류학·동물학 박물관과 러시아 미술관, 키로프 발레단의 본무대 마린스키 극장, 1904년 러일전쟁 중 동해 해전에 참여한 순양함 오로라, 교외의 화려한 궁전과 공원 기타 등등.

이들을 다 둘러보려면 적어도 사나흘 더 머물러야 한다. 아니, 유적들만 빠짐없이 방문하는 것은 오히려 쉬운 일이다. 하지만 모든 곳들을 방문하고 그들에 얽힌 이야기를 다 하려면 나는 영영 이곳을 떠날 수 없을지 모른다. '푸슈킨, 고골리와 도스토예프스키의 행적과 문학작품들의 현장을, 파스테르나크와 안나 아흐마토바, 블록의 시어들이 탄생한 곳들을…….' 이런 식으로 관심을 조금만 돌려보면 우리가 더 답사해야 할 시간과 공간은 무한정으로 확장된다.

당연히 다 보지 못한 아쉬움이 크다. 마침 역이 네바 강과 가까워 강변으로 나와 답사가 처음 시작된 곳을 바라보았다. 이번 여행 동안 나는 강 저편에서 무엇을 보았던가?

표트르 1세가 '유럽으로의 창'을 연 이래 페테르부르크는 모스크바에 비해 보다 서구적이고 매끈하며 유행에 민감하고 현대적인 도시로 자리를 잡아 나갔다. 황실의 간섭과 함께 항구를 통해 들어온 서구 문물이 이 도시를 보다 웅장하고 이국적인 모습으로 바꾸었지만 그것은 불리한 풍토와 자연조건을 극복하려는 의지 및 제국의 경제발전 속도와도 깊은 상관관계를 가지고 있었다. 역사가 보여주듯 제정기 때 페테르부르크의 경우는 구성원 자체의 요구보다 도시가 위치한 자연환경이나 국가의 요구, 혹은 서구 국가들과 러시아의 관계가 도시의 외적 모습을 사실상 강제했다. 이 도시의 융성과 위엄은 곧 제국의 영광이었던 것이다.

물리적으로 도시의 제 모습이 갖추어짐에 따라 그에 걸맞은 고상한 정신에 대한 요구도 터져 나왔다. 이 도시가 정신적으로 보다 성숙해지고 제대로 된 방향을 잡아나가는 계기는 대개 저항과 비판의 세례를 통해서였다. 덕분에 도시는 풍성하고 다층적인 해석이 가능한 다양한 상징들과 이야깃거리들을 축적시키며 문화의 중심으로 부상할 수 있었다.

특별한 자존심을 소유한 시민들이지만 이곳의 사람들은 옛 제국에 대한 기억과 집착에만 사로잡혀 있지 않았다. 오히려 그들의 관심은 늘 변화와 새로움에 가 있는 듯하다. 매년 「백조의 호수」와 「지젤」이 동일한 이름으로 무대에 올려지지만 그렇다고 작년과 같은 공연은 아니다. 가정과 거리, 공원에서 사람들은 재해석되고 각색된 새로운 공연에 대해 작년과 어떤 차이가 있는지를 화제로 삼는다.

이제 기차에 올라야 할 시간이다. 발길을 돌려 플랫폼 쪽으로 향하는데 사람들이 갖가지 물건을 들고 파는 모습이 나타난다. 그곳에도 여지없이 음악을 연주하며 구걸하는 사람들이 있다. 주머니를 뒤지는데 한 노파가 '봉쇄 때 팔을 다친 불행한 연금생활자에게 1루블이라도' 적선하여 '여행자에게 내리는 성모의 복'을 받으라며 내 팔을 붙잡는다.

1896년 '피득보'를 떠나기 전전날이었던가, 충정공도 거의 동일한 장면을 보셨던 모양이다. "아라사 도시의 가난한 백성들은 손에 갖가지 물건을 들고 거리에 나가서 팔아 모두가 분수를 지켜 생업에 편안하여 힘껏 살기를 도모하며, 고개를 숙이고 죽을 낯을 하거나 벌거숭이 몸으로 발을 벗고 걸식하는 자가 비록 문에 연했으나 돈을 요구하는 자는 조그만 악기를 들고 한 곡조를 연주하면서 다만 듣는 자가 돈을 많이 주거나 적게 주기를 기다릴 뿐이니 가히 그 나라가 부자이고 풍속이 후하다는 것을 알 수 있다."(『해천추범』, 8월 17일)

참으로 후덕한 가슴으로부터 나오는 해석이다. 답사는 삼간, 즉 공간, 시간, 인간을 보는 것이라는데 많은 것을 말하는 듯한 역전 사람들의 갖가지 눈망울들을 나는 떠나기 직전에야 눈에 담기 시작했으니, 어찌하랴! 3일이나 걸려서 나는 겨우 강 하나 건넜을 뿐이다.

그래서 다음번 여행 역시 푸슈킨의 시구 '쓸쓸한 물결이 이는 강가에 그는 서 있었다.'로 시작해야 될 것 같다. 하지만 결코 동일한 답사는 될 수 없을 것이다. 분명 다음번의 내 발은 첫날의 그 강변이 아닌 이편의 강가를 딛고 서 있을 터이므로.

상트 페테르부르크 유럽을 향한 창

펴낸날	초판 1쇄 2006년 9월 15일
	초판 3쇄 2017년 5월 19일

지은이	방일권
펴낸이	심만수
펴낸곳	(주)살림출판사
출판등록	1989년 11월 1일 제9-210호

주소	경기도 파주시 광인사길 30
전화	031-955-1350 팩스 031-624-1356
홈페이지	http://www.sallimbooks.com
이메일	book@sallimbooks.com

ISBN	978-89-522-0250-3 04080
	978-89-522-0096-9 04080(세트)

※ 값은 뒤표지에 있습니다.
※ 잘못 만들어진 책은 구입하신 서점에서 바꾸어 드립니다.

085 책과 세계

강유원(철학자)

책이라는 텍스트는 본래 세계라는 맥락에서 생겨났다. 인류가 남긴 고전의 중요성은 바로 우리가 가 볼 수 없는 세계를 글자라는 매개를 통해서 우리에게 생생하게 전해 주는 것이다. 이 책은 역사라는 시간과 지상이라고 하는 공간 속에 나타났던 텍스트를 통해 고전에 담겨진 사회와 사상을 드러내려 한다.

056 중국의 고구려사 왜곡   eBook

최광식(고려대 한국사학과 교수)

중국의 고구려사 왜곡의 숨은 의도와 논리, 그리고 우리의 대응 방안을 다뤘다. 저자는 동북공정이 국가 차원에서 진행되는 정치적 프로젝트임을 치밀하게 증언한다. 경제적 목적과 영토 확장의 이해관계 등이 복잡하게 얽혀 있는 동북공정의 진정한 배경에 대한 설명, 고구려의 역사적 정체성에 대한 문제, 고구려사 왜곡에 대한 우리의 대처방법 등이 소개된다.

291 프랑스 혁명   eBook

서정복(충남대 사학과 교수)

프랑스 혁명은 시민혁명의 모델이자 근대 시민국가 탄생의 상징이지만, 그 실상을 아는 사람은 많지 않다. 프랑스 혁명이 바스티유 습격 이전에 이미 시작되었으며, 자유와 평등 그리고 공화정의 꽃을 피기 위해 너무 많은 피를 흘렸고, 혁명의 과정에서 해방과 공포가 엇갈리고 있었다는 등의 이야기를 통해 프랑스 혁명의 실상을 소개한다.

139 신용하 교수의 독도 이야기   eBook

신용하(백범학술원 원장)

사학계의 원로이자 독도 관련 연구의 대가인 신용하 교수가 일본의 독도 영토 편입문제를 걱정하며 일반 독자가 읽기 쉽게 쓴 책. 저자는 역사적으로나 국제법상으로 실효적 점유상으로나, 어느 측면에서 보아도 독도는 명백하게 우리 땅이라고 주장하며 여러 가지 역사적인 자료를 제시한다.

144 페르시아 문화

신규섭(한국외대 연구교수)

인류 최초 문명의 뿌리에서 뻗어 나와 아랍을 넘어 중국, 인도와 파키스탄, 심지어 그리스에까지 흔적을 남긴 페르시아 문화에 대한 개론서. 이 책은 오랫동안 베일에 가려 있던 페르시아 문명을 소개하여 이슬람에 대한 편견과 오해를 바로 잡는다. 이태백이 이란계였다는 사실, 돈황과 서역, 이란의 현대 문화 등이 서술된다.

086 유럽왕실의 탄생

김현수(단국대 역사학과 교수)

인류에게 '예술과 문명' 그리고 '근대와 국가'라는 개념을 선사한 유럽왕실. 유럽왕실의 탄생배경과 그 정체성은 무엇인가? 이 책은 게르만의 한 종족인 프랑크족과 메로빙거 왕조, 프랑스의 카페 왕조, 독일의 작센 왕조, 잉글랜드의 웨섹스 왕조 등 수많은 왕조의 출현과 쇠퇴를 통해 유럽 역사의 변천을 소개한다.

016 이슬람 문화

이희수(한양대 문화인류학과 교수)

이슬람교와 무슬림의 삶, 테러와 팔레스타인 문제 등 이슬람 문화 전반을 다룬 책. 저자는 그들의 멋과 가치관을 흥미롭게 설명하면서 한편으로 오해와 편견에 사로잡혀 있던 시각의 일대 전환을 요구한다. 이슬람교와 기독교의 관계, 무슬림의 삶과 낭만, 이슬람 원리주의와 지하드의 실상, 팔레스타인 분할 과정 등의 내용이 소개된다.

100 여행 이야기

이진홍(한국외대 강사)

이 책은 여행의 본질 위를 '길거리의 철학자'처럼 편안하게 소요한다. 먼저 여행의 역사를 더듬어 봄으로써 여행이 어떻게 인류 역사의 형성과 같이해 왔는지를 생각하고, 다음으로 여행의 사회학적 · 심리학적 의미를 추적함으로써 여행에 어떤 의미를 부여할 것인가에 대해 말한다. 또한 우리의 내면과 여행의 관계 정의를 시도한다.

293 문화대혁명 중국 현대사의 트라우마

eBook

백승욱(중앙대 사회학과 교수)

중국의 문화대혁명은 한두 줄의 정부 공식 입장을 통해 정리될 수 없는 중대한 사건이다. 20세기 중국의 모든 모순은 사실 문화대혁명 시기에 집약되어 있다고 해도 과언이 아니다. 사회주의 시기의 국가 · 당 · 대중의 모순이라는 문제의 복판에서 문화대혁명을 다시 읽을 필요가 있는 지금, 이 책은 문화대혁명에 대한 안내자가 될 것이다.

174 정치의 원형을 찾아서

eBook

최자영(부산외국어대학교 HK교수)

인류가 걸어온 모든 정치체제들을 매우 짧은 기간 동안 시험하고 정비한 나라, 그리스. 이 책은 과두정, 민주정, 참주정 등 고대 그리스의 정치사를 추적하고, 정치가들의 파란만장한 일화 등을 소개하고 있다. 특히 이 책의 저자는 아테네인들이 추구했던 정치방법이 오늘 우리 사회가 당면한 문제를 해결할 수 있는 지혜의 발견에 도움을 줄 수 있을 것이라고 말한다.

420 위대한 도서관 건축순례

eBook

최정태(부산대학교 명예교수)

이 책은 도서관의 건축을 중심으로 다룬 일종의 기행문이다. 고대 도서관에서부터 21세기에 완공된 최첨단 도서관까지, 필자는 가능한 많은 도서관을 직접 찾아보려고 애썼다. 미처 방문하지 못한 도서관에 대해서는 문헌과 그림 등 가능한 많은 정보를 수집하려 노력했다. 필자의 단상들을 함께 읽는 동안 우리 사회에서 도서관이 차지하는 의미에 대해 다시 생각하게 된다.

421 아름다운 도서관 오디세이

eBook

최정태(부산대학교 명예교수)

이 책은 문헌정보학과에서 자료 조직을 공부하고 평생을 도서관에 몸담았던 한 도서관 애찬가의 고백이다. 필자는 퇴임 후 지금까지 도서관을 돌아다니면서 직접 보고 배운 것이 40여 년 동안 강단과 현장에서 보고 얻은 이야기보다 훨씬 많았다고 말한다. '세계 도서관 여행 가이드'라 불러도 손색없을 만큼 풍부하고 다채로운 내용이 이 한 권에 담겼다.

역사 · 문명

eBook 표시가 되어있는 도서는 전자책으로 구매가 가능합니다.

㈜살림출판사
www.sallimbooks.com
주소 경기도 파주시 문발동 522-1 | 전화 031-955-1350 | 팩스 031-955-1355